おいしく保存した肉・魚は
ここがすごい！

肉・魚は新鮮なうちに使い切るのがベストですが、正しく保存すればおいしく長持ち。
加工食品にも、うれしいメリットがたくさんあります。

1 食材がムダにならない！

特売で多めに購入した食材でも、正しく保存しておけば傷まず長持ち。
最後まで使い切れば節約にもつながり、捨てる罪悪感からも解放されます。

2 冷凍すれば買い物に行く時間がない日も安心！

忙しくて買い物に行けない…。そんなピンチを救ってくれるのが冷凍した肉や魚。
まとめ買いして冷凍しておけば、いつでも使えるので便利です。

3 冷凍で新食感⁉

豆腐や生卵の黄身など、冷凍すると食感が変わるものも。
味のしみこみや、火の通りが早くなる食材もあるので、違いを楽しんでみて。

4 下味冷凍なら時短調理に！

下味冷凍した肉や魚は味つけ済みだから、火を通すだけで料理が完成！
味がしみこみ、食材がやわらかくなるメリットも！
箸で印をつけておけば、使いたい分だけ割って取り出せるものも。

5 凍ったまま調理も得意です！

冷凍した肉・魚は解凍して使うだけでなく、凍ったままでも調理が可能。
解凍時の水分の流出がなくパサつき防止になります。時短調理も可能です。

Step 1

鶏もも肉を凍ったまま、炊飯器にポン！

Step 2

この本の使い方

目次（P.2-5）、索引（P.126-127）を参照して、食材を調べて活用してください。
保存期間はあくまでも目安です。
季節や住環境、気温などの条件によって変わることがあります。

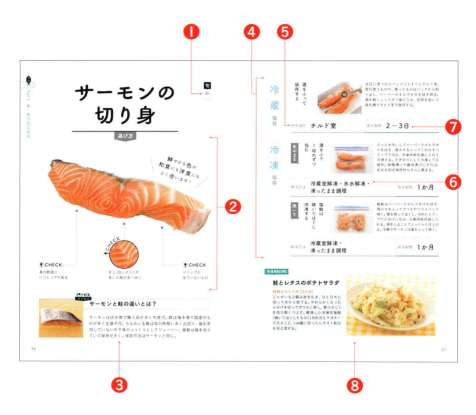

❶旬
最もおいしい時期を紹介しています。

❷選び方
新鮮でおいしいものを選ぶためのポイントを
紹介しています。

❸ Petit（プチ）MEMO
ちょっとした疑問や調理のコツを
紹介しています。

❹保存方法
保存方法の手順を紹介しています。

❺保存場所
それぞれの食材に適した保存場所を
紹介しています。

❻解凍方法
おすすめの解凍方法を紹介しています。

❼保存期間
冷蔵、冷凍の保存期間を表示しています。

❽冷凍RECIPE
冷凍した食材を活用したレシピを
紹介しています。

下味冷凍保存アイデアも紹介しています。

❶つくり方
つくり方の手順と保存イメージを写真で紹介しています。

❷保存期間
冷凍の保存期間を表示しています。

❸Cooking
下味冷凍の調理方法を紹介しています。

❹その他のアレンジ
その他のアレンジ方法を紹介しています。

●レシピについて
・材料は2人分が基本ですが、1人分やつくりやすい分量で表示してあるものもあります。
・小さじ1＝5㎖、大さじ1＝15㎖です。
・電子レンジの加熱時間は600W。500Wの場合は1.2倍にしてください。オーブントースターの加熱時間は1000W。どちらも機種によって加熱時間には多少差があるので、様子を見て調整してください。
・解凍とレシピ内に書いてあるもの以外は、冷凍食材は凍ったまま加熱調理をしてください。

これだけは揃えたい！
肉・魚・加工食品保存のアイテム

おいしく保存するために必要なアイテムをご紹介。
身近な道具でおいしく保存ができます。

ラップ

食品の保存には欠かせないアイテム。量や大きさによって使い分けができるように、大小のサイズを揃えておくと便利です。

アルミホイル

つぶさずに形をキープして保存したいもの、香りを逃がしたくないもの、光に弱いものなどを保存するときに使う。

ポリ袋＆保存袋

冷凍用保存袋

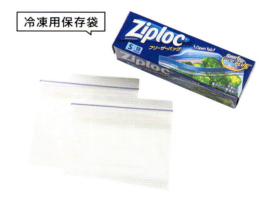

冷蔵保存に便利なのがポリ袋や常温＆冷蔵用の保存袋。冷気や乾燥から守ってくれます。S・M・Lを基本に揃えておくとよいでしょう。

冷凍保存するときに適した袋。厚みがありしっかりとしているので破れにくい。1度で使い切るならジッパータイプ、何回も開け閉めするならスライダーバッグにするなど、用途によって使い分けるとよい。

ペーパータオル

食材の水分を拭き取るときや、包んで余分な水分を吸収しながら保存したいときに便利です。

保存容器

食材を冷蔵保存したり、冷凍保存したり。冷凍にも対応できる蓋付きの保存容器があると便利です。

ボウル

食材の保存はもちろん、具材をこねるなど、肉・魚の保存に幅広く使えるアイテム。サイズはいくつか揃えておくと便利。

ホーローのバット

食材に塩や酒をふったり、あさりの砂抜きに使ったりと幅広く使えるアイテム。熱伝導もよいので急速冷凍のトレイとしても使える。

製氷皿

牛乳や生クリームなどの液体を少量ずつ冷凍する際に便利。凍ったら取り出し、冷凍用保存袋などに移し替えて。

金属製トレイ

熱伝導がよいので急速冷凍が可能。短時間で冷凍できればおいしさを保てるので、金属製トレイにのせて冷凍しましょう。

肉・魚・加工食品保存の基本
冷蔵保存

冷蔵保存のポイント

Point 1
肉・魚・加工食品は、水分を拭き取ってから保存する

食材が傷んでしまう原因のひとつが、余分な水分。その日に使うならパックごと保存でもOKですが、翌日以降に使うものや残ったものは、ペーパーで余分な水分を拭き取ってから保存しましょう。余分な臭みも取れます。

Point 2
空気にふれないよう密閉保存する

空気を遮断すれば菌の繁殖が抑えられるので、食材が長持ちします。空気が入らないようにラップでぴっちり包み、さらにポリ袋や保存容器などに入れてしっかり空気を遮断しましょう。

Point 3
ドリップが出やすい食材は、ペーパーに包んで保存する

ドリップが出やすいひき肉などは、余分な水分を拭き取り、ペーパーで包んでから空気が入らないようにラップでぴったりと包んで保存しましょう。雑菌の繁殖が抑えられるので、変色もしにくくなります。

肉・魚の保存は、
温度の低いチルド室が基本
肉・魚の保存は、冷蔵室よりも低温で冷気が逃げにくいチルド室が基本です。発酵のスピードも遅らせてくれるので、チーズや納豆などの発酵食品もこちらに保存を。

内臓を取り除き、
下処理してから保存する
鮮度が命の魚介類は、内臓から傷んでくるので、内臓をつけたままの保存はNG。購入したらすぐに内臓を取り除き、下処理してから保存しましょう。下処理後は温度の低いチルド室で。

memo
ちなみに常温保存とは？
直射日光の当たらない風通しのよい場所のことで、15℃〜25℃を指す。通年常温で保存ができる食品もありますが、夏場は温度や湿度が上がり傷みやすくなります。季節によっては冷蔵庫に移動させて保存をしましょう。

肉・魚・加工食品保存の基本
冷凍保存

冷凍保存のポイント

Point 1
肉・魚は新鮮なうちに冷凍保存する

肉・魚は傷みそうになってから急いで冷凍するのではなく、新鮮なうちに冷凍すれば劣化を防ぎ、解凍後もおいしく食べられます。

Point 2
水分をよく拭き取ってから冷凍保存する

肉・魚・加工食品は、ペーパーで余分な水分を拭き取ってから冷凍保存しましょう。素材の表面に水分があると霜がつきやすくなり、解凍後の臭みの原因につながってしまいます。

Point 3
空気にふれさせないよう密閉保存する

冷凍室は空気中の水分が凍り、極度の乾燥状態に。乾燥を防ぐには、空気にふれさせないようにラップでぴったりと包んでから冷凍用保存袋に入れ、空気をしっかりと遮断して冷凍しましょう。

Point 4

薄く平らにして素早く凍らせる

肉・魚肉・魚は短時間で凍らせた方が、解凍した際に水分やうまみ成分などの流出が抑えられ、おいしさをキープできます。薄く平らにしてラップで包み、冷凍用保存袋に入れたら、熱伝導がよい金属製トレイにのせ、できるだけ早く凍らせましょう。

Point 5

食べやすく切って小分け冷凍する

解凍後、どう使いたいかを考えてから冷凍しておくと使い勝手がよくなります。例えば、切り身の魚は1切れずつ、少量ずつ使いたいものは食べやすく切って小分け冷凍しておくなど。ひき肉などは箸で分け目をつけて冷凍しておくと、凍ったまま折って使えるので便利です。

---

memo
パックごと冷凍はダメですか？
パックのままだと空気にふれている部分が多く、素材が乾燥し、霜がつきやすくなってしまいます。そのままだとパックが破れて乾燥や雑菌繁殖の原因にもつながってくるので、どうしてもパックのまま冷凍したいなら、パックごと冷凍用保存袋に入れ、1週間以内に使うように心がけましょう。揚げ物や、味の濃い煮込み料理などにすれば、乾燥やニオイも緩和されます。

肉・魚・加工食品保存の基本
解凍

ここで差がつく　おいしく食べるための解凍のコツ

冷凍保存したものをおいしく食べるには、上手に解凍することも大切に。
ベストな解凍方法は食材や冷凍の仕方によっても違うので、
下記の4つの解凍方法を使い分けましょう。

冷蔵室解凍
ゆっくり時間をかけて行う冷蔵室解凍は、他の解凍方法に比べてドリップが少なく、味が落ちるのを防ぐことができます。解凍に半日〜1日かかるので、調理する時間に合わせて冷蔵室に移しましょう。

氷水解凍
そのままの肉や魚を解凍する場合は、流水解凍だと水道水の温度が高くうまみが流出しやすくなってしまうため、氷水に袋ごと沈める氷水解凍がおすすめです。冷蔵室よりも早く解凍ができます。

電子レンジ解凍
すぐに使いたいときは、電子レンジ解凍が便利。耐熱皿にペーパーを敷き、ラップを外した冷凍肉や魚をのせて解凍ボタンを押せば、ラップの中に熱がこもらないので、加熱ムラもなく、おいしく解凍ができます。

凍ったまま調理
冷凍した肉・魚・加工食品は、凍ったままでも調理が可能。丸ごと冷凍はもちろん、食べやすく切ってから冷凍しておくとさらに使い勝手もよくなります。凍ったままでフライや煮物などに便利。

memo
再冷凍はNGです！
解凍して使い切れなかった場合でも、再冷凍はやめましょう。解凍時にうまみや水分が出てしまうので、再冷凍してもおいしく食べられません。

肉・肉の加工食品

メインおかずに欠かせないお肉。
保存のコツが分かれば、
ムダなく使い切れるだけでなく、
毎日の食事づくりがスピードアップ！
肉の加工食品の保存アイデアも
一緒にご紹介します。

保存実験してみました！

冷凍 & 解凍

みなさんがやりがちなパックごと冷凍と、ラップ＋冷凍用保存袋に入れた冷凍を比較。冷凍のしかたで、こんなに差が出ます！

実験1　　1か月冷凍した豚ロース厚切り肉で比較

パックのまま冷凍室 肉が空気にふれて酸化が進み、みずみずしさがなく乾燥して変色。全体が少し縮んでしまった。	**ラップ＋冷凍用保存袋に入れて冷凍室** 空気をしっかりと遮断していたので、みずみずしいまま。1か月たっても変化なし!!

冷蔵室解凍
ゆっくり時間をかけて解凍したものの、変色はしたまま。庫内のニオイを肉が吸収しているようでイヤなニオイがする。

冷蔵室解凍
肉から水分やうまみがドリップとして流れ出ず、ふっくらつややか。しっかりと密封されていたのでイヤなニオイがしない。

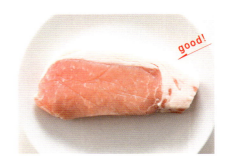

冷蔵

パックに残った状態でラップして冷蔵室保存と、ペーパー＋ラップでさらにポリ袋に入れてチルド室保存を比較。冷蔵のしかたでも、こんなに差が出ます！

実験2　　3日間冷蔵保存した合いびき肉で比較

パックに残った状態で
ラップして冷蔵室

肉の色は鮮やかだけど、ところどころ黒く変色したり乾燥したり。水分量にムラがある。

ペーパー＋ラップで
さらにポリ袋に入れてチルド室

余分なドリップを吸い取り、空気を遮断しているので、黒い変色や乾燥は見られずきれい。

good!

魚もついでに冷凍実験してみました！

魚も同様に、みなさんがやりがちなパックごと冷凍と、ラップ＋冷凍用保存袋に入れた冷凍を比較。こちらは1か月冷凍したブリの切り身になりますが、肉と同様、冷凍のしかたで、こんなに差が出ました！

パックのまま
冷凍室

空気にふれて水分が蒸発。表面が干からびて冷凍やけに。

ラップ＋冷凍用保存袋に
入れて冷凍室

水分が抜けず、みずみずしさがキープ。色もそのままきれい。

やっぱり1切れずつ
ラップ＋冷凍用保存袋に
入れて冷凍が
おすすめです！

good!

Part 1 肉・肉の加工食品

鶏もも肉

選び方

濃厚なおいしさで脂肪が多いからジューシー！

CHECK
鶏皮の毛穴が盛り上がっている

CHECK
色はピンク色で透明感がある

CHECK
ドリップがないもの

CHECK
しっかりとした弾力がある

Petit MEMO
鶏もも肉の下処理はキッチンバサミが便利！

鶏もも肉の余分な脂肪は、手で引っ張りながらハサミでチョキチョキ切り落としましょう。ハサミならひと口大に切ることもできるので、購入したパックの上でカットすれば、まな板と包丁を使わないから洗い物が減らせますよ。

20

冷蔵保存

酒をふって保存する

当日に使うならパックごとすぐにチルド室。翌日使うものや、残ったものはパックから取り出し、ペーパータオルで水分を拭き取る。鶏肉は水分が多く傷みやすいので、酒を軽くふってポリ袋に入れ、空気を抜いて袋を縛りチルド室で保存する。

保存場所	チルド室	保存期間	2日

冷凍保存

塩をふって冷凍する

ペーパータオルで水分を拭き取り、そのまま、もしくはひと口大に切る。肉の表面に薄く塩をふり、1枚ずつ、もしくは使いやすい分量ごとにラップでぴったりと包んでから、冷凍用保存袋に入れ冷凍する。

解凍方法	冷蔵室解凍・氷水解凍・電子レンジ解凍・凍ったまま調理	保存期間	1か月

冷凍RECIPE

炊飯器でカオマンガイ

材料（つくりやすい分量）
米　1合半
冷凍鶏もも肉　1枚
好みの野菜　適量

A ┌ 顆粒鶏がらスープの素　小さじ1
　├ しょうが（すりおろし）　½片分
　└ にんにく（すりおろし）　½片分

B ┌ 味噌　大さじ1
　├ 酢・砂糖　各大さじ½
　├ オイスターソース　小さじ1
　├ 醤油　小さじ½
　├ しょうが（みじん切り）　½片分
　└ にんにく（みじん切り）　½片分

つくり方
1　米は洗って水けをきり、炊飯器に入れる。
2　表示通りの水を注ぎ、Aを加えてよく混ぜ、冷凍鶏肉を皮目が下になるようにのせ炊く。
3　炊き上がったら器にご飯を盛り、食べやすく切った鶏肉、好みの野菜と混ぜ合わせたBを添える。

Part 1 肉・肉の加工食品

鶏むね肉

選び方

CHECK
色はピンク色で
透明感がある

CHECK
しっかりとした
ハリと弾力がある

CHECK
ドリップがないもの

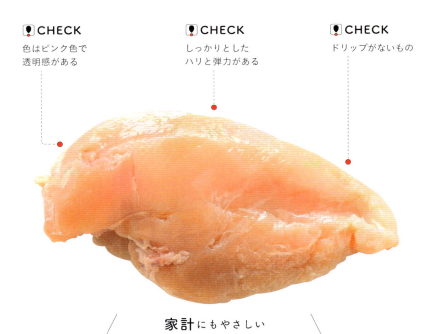

家計にもやさしい
お**値段**でヘルシー＆**高**たんぱく!!

鶏むね肉は、3分割してから切り分けて！

鶏むね肉は繊維の走る向きが違うので、写真のように3分割してから、そぎ切りやひと口大に切り分けましょう。繊維に沿ってそぎ切りにすると見栄えよく食感はしっとり。断ち切るように切ると肉は崩れやすくなりますが、食感はやわらかくなります。

冷蔵保存

酒をふって保存する

当日に使うならパックごとすぐにチルド室。翌日使うものや、残ったものはパックから取り出し、ペーパータオルで水分を拭き取る。鶏肉は水分が多く傷みやすいので、酒を軽くふってポリ袋に入れ、空気を抜いて袋を縛りチルド室で保存する。

保存場所	チルド室	保存期間	2日

冷凍保存

生のまま冷凍 ― 塩をふって冷凍する

ペーパータオルで水分を拭き取り、そのまま、もしくはひと口大に切る。肉の表面に薄く塩をふり、1枚ずつ、もしくは使いやすい分量ごとにラップでぴったりと包んでから、冷凍用保存袋に入れ冷凍する。

解凍方法	冷蔵室解凍・氷水解凍・電子レンジ解凍・凍ったまま調理	保存期間	1か月

茹でて冷凍 ― 茹でて小分けする

熱湯に酒と塩、長ねぎ（青い部分）各適量と鶏むね肉を加えて1分ほど中火で茹で、火を止めて蓋をして余熱で火を入れる。冷めたら鶏肉を手で裂き、ラップで小分けに包み冷凍用保存袋に入れる。スープも冷凍できる。

解凍方法	冷蔵室解凍・氷水解凍・電子レンジ解凍	保存期間	1か月

冷凍RECIPE

春菊と茹で鶏の韓国風サラダ

材料とつくり方（2人分）

冷凍むね肉（茹）½枚分は解凍し、春菊½束は葉を摘む。ボウルにごま油大さじ2、白いりごま大さじ1、酢小さじ2、顆粒鶏がらスープの素小さじ⅓を入れてよく混ぜ、鶏肉と春菊を加えて和える。器に盛り、粉唐辛子を適量ふる。

Part1 肉・肉の加工食品

鶏ささみ肉

選び方

淡泊な味わいで
脂肪が少なく
低カロリー！

CHECK
色はピンク色で
透明感がある

CHECK
しっかりとした
ハリと弾力がある

CHECK
ドリップがないもの

ささみの筋はペーパー&フォークで包丁いらず！

取りにくいささみの筋は、フォークがあればラクラク。利き手で筋を持ち、反対の手でフォークを持って筋を挟み引っ張るだけ。筋を持っている手がすべるようならキッチンペーパーでつかむと安定します。

冷蔵保存

酒をふって保存する

当日に使うならパックごとすぐにチルド室。翌日使うものや、残ったものはパックから取り出し、ペーパータオルで水分を拭き取る。鶏肉は水分が多く傷みやすいので、酒を軽くふってポリ袋に入れ、空気を抜いて袋を縛りチルド室で保存する。

| 保存場所 | チルド室 | 保存期間 | 2日 |

冷凍保存

生のまま冷凍 — 1本ずつ包んで冷凍する

筋を取って観音開きにし、ペーパータオルで水分を拭き取る。肉の表面に薄く塩をふり、1本ずつラップでぴったりと包んでから冷凍用保存袋に入れ、冷凍する。

| 解凍方法 | 冷蔵室解凍・氷水解凍・電子レンジ解凍・凍ったまま調理 | 保存期間 | 1か月 |

茹でて冷凍 — 茹でて小分け冷凍する

熱湯に酒と塩、長ねぎ（青い部分）各適量と筋を取ったささみを加えて1分ほど中火で茹で、火を止めて蓋をして余熱で火を入れる。冷めたら1本ずつ、または手で裂いてラップで包み冷凍用保存袋に入れる。スープも冷凍して。

| 解凍方法 | 冷蔵室解凍・氷水解凍・電子レンジ解凍 | 保存期間 | 1か月 |

冷凍RECIPE

ささみとキムチのチーズ春巻き

材料とつくり方（2人分）

冷凍ささみ（茹）2本分は解凍し、スライスチーズ2枚は半分に切る。春巻きの皮4枚は手前にチーズ、ささみ、汁気を切ったキムチを15gずつのせ、奥に大葉適量を置き、包んで水溶き小麦粉少々で留める。180℃の油できつね色になるまで揚げる。

Part1 肉・肉の加工食品

鶏手羽元

選び方

煮物の定番部位で骨付きだからうまみたっぷり！

🔖 **CHECK**
身がふっくらとしていて厚みがあり、パックにドリップがないもの

冷蔵保存

酒をふって保存する

当日に使うならパックごとすぐにチルド室。翌日使うものや、残ったものはパックから取り出し、ペーパータオルで水分を拭き取る。鶏肉は水分が多く傷みやすいので、酒を軽くふってポリ袋に入れ、空気を抜いて袋を縛りチルド室で保存する。

| 保存場所 | チルド室 | 保存期間 | 2日 |

冷凍保存

トレイで凍らせてから保存袋

骨の両側に包丁で切り目を入れて開き、ペーパータオルで水分を拭き取る。ラップを敷いた金属トレイの上に1本ずつ離して並べ、その上からぴったりとラップをかけて一晩冷凍する。凍ったものを冷凍用保存袋に入れればくっつかずに使いやすい。

| 解凍方法 | 冷蔵室解凍・氷水解凍・電子レンジ解凍・凍ったまま調理 | 保存期間 | 1か月 |

鶏手羽元でおいしい水炊き鍋をつくる裏ワザ

手羽元や手羽先で水炊き鍋をつくるなら、骨ごと半分に切ってから煮込んで！　骨ごと切って煮ることで、骨の髄からうまみが出やすくなるので、短時間の煮込みでスープが格段においしくなります。骨は硬いのでお店に頼んで切ってもらうと安心です。

鶏手羽先

骨付きだからうまみたっぷり&ジューシー！

選び方

💡 CHECK
皮にハリとツヤがあり、身がふっくらとして厚みがあるもの

冷蔵保存

酒をふって保存する

当日に使うならパックごとすぐにチルド室。翌日使うものや、残ったものはパックから取り出し、ペーパータオルで水分を拭き取る。鶏肉は水分が多く傷みやすいので、酒を軽くふってポリ袋に入れ、空気を抜いて袋を縛りチルド室で保存する。

| 保存場所 | チルド室 | 保存期間 | 2日 |

冷凍保存

トレイで凍らせてから保存袋

手羽先は骨に沿って1本切り目を入れ、ペーパータオルで水分を拭き取る。ラップを敷いた金属トレイの上に1本ずつ離して並べ、その上からぴったりとラップをかけて一晩冷凍する。凍ったものを冷凍用保存袋に入れればくっつかずに使いやすい。

| 解凍方法 | 冷蔵室解凍・氷水解凍・電子レンジ解凍・凍ったまま調理 | 保存期間 | 1か月 |

冷凍RECIPE

鶏手羽先の甘辛揚げ

材料とつくり方（2人分）
鍋に冷凍手羽先を4本入れ、かぶるくらいの油を注ぎ中火にかけて5分ほど素揚げする。きつね色になったら、フライパンに醤油大さじ2、みりん・砂糖各大さじ1、酢小さじ1を入れて火にかけ、手羽先を加え煮絡める。器に盛り白ごまを適量ふる。

Part1 肉・肉の加工食品

鶏ひき肉

メインから**副菜**まで
鶏ひき肉は
使い勝手抜群！

選び方

🔴 CHECK
色はピンク色でツヤがあり、パックにドリップがないもの

冷蔵保存

ペーパーで包んで保存する

細かく切ってあるひき肉は、厚切り肉などに比べて空気にふれている部分が多いので、傷みやすい。当日に使うならパックごとすぐにチルド室。翌日使うものや、残ったものは水分を拭き取り、ペーパーで包んでから空気が入らないようにラップで包みポリ袋に入れる。

保存場所	**チルド室**	保存期間	**1〜2日**

冷凍保存

小分けに包んで冷凍する

生のまま冷凍するならペーパータオルで水分を拭き取り、薄く塩をふってから小分けにして、ラップでぴったりと平らに包み、冷凍用保存袋に入れ、空気を抜き冷凍する。

解凍方法	**冷蔵室解凍・氷水解凍・電子レンジ解凍・凍ったまま調理**	保存期間	**3週間**

鶏ひき肉はそぼろにして保存もおすすめ！

鶏ひき肉は厚切り肉に比べて酸化しやすいので、甘辛な味付けにしたそぼろ炒めにして保存するのもおすすめです。冷蔵なら保存容器に入れて4〜5日。冷凍なら冷めてから小分けにしてラップで包み冷凍用保存袋に入れて1か月。

砂肝

選び方

お手頃価格でコリコリ食感がおいしい！

🔴 CHECK
赤身が鮮やかでツヤがあり、筋肉の部分が青白い

冷蔵保存

下処理して茹でて保存する

当日に使うならパックごとすぐにチルド室。生だと日持ちがしないので、翌日以降に使うものは茹でて保存を。流水で洗い、青白い部分を取り除いて食べやすく切り、塩を適量加えた熱湯で3分ほど茹でる。粗熱が取れたら保存容器に入れて冷蔵する。

| 保存場所 | 冷蔵室・チルド室 | 保存期間 | **3日** |

冷凍保存

小分けに包んで冷凍する

青白い部分を取り除いてから食べやすく切る。塩水でさっと洗い、ペーパータオルで水分を拭き取る。小分けにしてラップでぴったり包み、冷凍用保存袋に入れ冷凍する。凍ったまま煮物や解凍して炒め物に。茹でて小分け冷凍しても便利。

| 解凍方法 | 冷蔵室解凍・氷水解凍・電子レンジ解凍・凍ったまま調理 | 保存期間 | **3週間** |

冷凍RECIPE

砂肝アヒージョ

材料とつくり方（2人分）
小鍋に冷凍砂肝200gを入れ、オリーブオイル100ml、縦半分に切ったにんにく2片分、塩小さじ⅓、タネを取った赤唐辛子1本を入れ、弱火で5分ほど煮込み、バゲットを添える。冷めたら保存容器に入れて冷蔵庫で1週間保存も可能。

Part1 肉・肉の加工食品

豚こま切れ肉

選び方

色々な部位の切れ端だから うれしいお手頃価格！

🏷 **CHECK**
淡いピンク色でくすんでいない

🏷 **CHECK**
脂肪の色は白い

CHECK
ツヤがあるもの

🏷 **CHECK**
ドリップがないもの

パサつきの原因は、実は火加減！

豚こま切れ肉は安くてお得ですが、調理するとパサついてかたくなりがち。しっとりとしたなめらか食感でいただくには、高温で加熱しすぎないこと。茹でるなら70℃で40〜50秒、焼くなら弱火で。小麦粉をまぶすとよりやわらか食感になります。

冷蔵保存

水分を拭き取り保存する

当日に使うならパックごとすぐにチルド室。翌日使うものや、残ったものはパックから取り出し、ペーパータオルで水分を拭き取る。空気にふれないようにラップでぴっちり包み、ポリ袋に入れ、チルド室で保存する。

| 保存場所 | チルド室 | 保存期間 | 2〜3日 |

冷凍保存

生のまま冷凍 — 小分けに包んで冷凍する

ペーパータオルで水分を拭き取り、使いやすい分量ごとにラップでぴったりと平らに包み、冷凍用保存袋に入れ冷凍する。しょうが焼きなどの下味をつけて冷凍するのも、劣化を防ぎ、保存期間をのばせるのでおすすめです。

| 解凍方法 | 冷蔵室解凍・氷水解凍・電子レンジ解凍・凍ったまま調理 | 保存期間 | 1か月 |

茹でて冷凍 — 茹でて小分け冷凍する

鍋にお湯を沸かして酒と塩を適量加え、70℃になったら豚肉を広げながら40〜50秒ほど茹でる。粗熱が取れたら、食べやすい量ごとにラップで包み冷凍用保存袋に入れる。解凍して豚しゃぶサラダや和え物に。

| 解凍方法 | 冷蔵室解凍・氷水解凍・電子レンジ解凍 | 保存期間 | 1か月 |

冷凍RECIPE

豚こまの甘辛煮

材料とつくり方(2人分)

鍋に薄切りにした玉ねぎ½個分と茹で卵1個、だし汁150㎖、醤油大さじ2、砂糖大さじ1と½、酒大さじ1、しょうがの薄切り2枚を入れて中火にかける。沸騰したら冷凍豚こま切れ肉(生)200gを加え、弱火で肉をほぐしながら5分ほど煮る。

Part 1 肉・肉の加工食品

豚ロース薄切り肉

選び方

🔔 CHECK
ツヤがある

🔔 CHECK
脂肪の色が白いもの

🔔 CHECK
ドリップがないもの

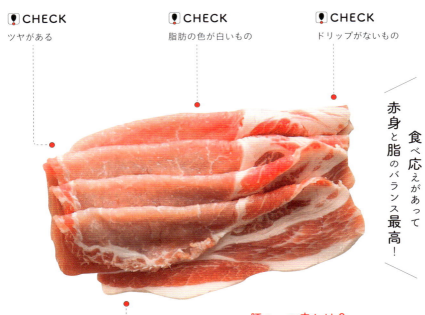

食べ応えがあって赤身と脂のバランス最高！

🔔 CHECK
淡いピンク色でくすんでいない

豚ロース肉とは？

豚ロース肉とは、肩の後ろから腰付近までの背中の部位。肉のきめが細かくてうまみが強く、しゃぶしゃぶやとんかつ、ポークソテーなどにおすすめです。

豚バラ薄切り肉の保存方法も同じでOK！

豚肉といったら薄切り肉では豚バラ肉が一番人気。冷蔵・冷凍保存の方法も豚ロース薄切り肉や豚切り落とし肉と同じでOK。下味をつけて冷凍すれば劣化を防ぎ保存性もさらに高まります。茹でて冷凍するのも使い勝手がよいのでおすすめです。

冷蔵保存

水分を拭き取り保存する

当日に使うならパックごとすぐにチルド室。翌日使うものや、残ったものはパックから取り出し、ペーパータオルで水分を拭き取る。空気にふれないようにラップでぴっちり包み、ポリ袋に入れ、チルド室で保存する。

| 保存場所 | チルド室 | 保存期間 | 2〜3日 |

冷凍保存

小分けに包んで冷凍する

ペーパータオルで水分を拭き取り、100gずつなど、使いやすい分量ごとにラップでぴったりと平らに包み、冷凍用保存袋に入れ冷凍する。しょうが焼きなどの下味をつけて冷凍するのも、劣化を防ぎ、保存期間をのばせるのでおすすめです。

| 解凍方法 | 冷蔵室解凍・氷水解凍・電子レンジ解凍・凍ったまま調理 | 保存期間 | 1か月 |

冷凍 RECIPE

豚の薄切りとんかつ

材料（2人分）
冷凍豚ロース薄切り肉　100g
パン粉　適量
キャベツ（千切り）　適量
ミニトマト　2個
A ┌ 卵　½個分
　├ 水　大さじ½
　└ 小麦粉　大さじ2
揚げ油　適量

つくり方
1　冷凍豚ロース薄切り肉によく混ぜ合わせたAをからめ、パン粉をまぶす。
2　フライパンに1を入れ、かぶるくらいの油を注いでから火にかける。
3　180℃になったらきつね色になるまで5分ほどじっくりと揚げる。
4　食べやすく切って器に盛り、キャベツとミニトマトを添える。

Part 1 肉・肉の加工食品

豚ロース厚切り肉

きめが細かくてうまみが強いから、とんかつはやっぱりロースでしょ！

選び方

🔴 CHECK

淡いピンク色でツヤがあり、脂の色は白くドリップがないもの

冷蔵保存

ペーパーで包んで保存する

当日に使うならパックごとすぐにチルド室。空気にふれる断面が少ないので長持ちしますが、翌日以降に使うものは、表面の雑菌の繁殖を防ぐために水分を拭き取ってからペーパータオルで包み、ラップでぴっちり包んでポリ袋に入れチルド室で保存する。

| 保存場所 | チルド室 | 保存期間 | 3〜4日 |

冷凍保存

1枚ずつ包んで冷凍する

ペーパータオルで水分を拭き取り、1枚ずつラップでぴったりと包み、冷凍用保存袋に入れ冷凍する。味噌漬けなども劣化しにくいのでおすすめ。とんかつに使う予定なら、衣をつけてから1枚ずつラップで包み、冷凍用保存袋に入れて冷凍しても便利。

| 解凍方法 | 冷蔵室解凍・氷水解凍・電子レンジ解凍・凍ったまま調理 | 保存期間 | 1か月 |

Petit MEMO

とんかつにするなら生パン粉を使うべし！

家庭でとんかつをつくるなら、生パン粉を使うと衣にボリュームが出るので見た目がゴージャスに。乾燥パン粉よりも生パン粉の方が食感もサクッと軽やかに揚がります。生パン粉は水分が多いので保存期間が短め。残ったら小分け冷凍がおすすめです。

豚バラブロック肉

> 高カロリーではありますが、コクが強くてとってもジューシー！

選び方

💡 **CHECK**
淡いピンク色でツヤと弾力があり、脂の色が白いもの

冷蔵保存

ペーパーで包んで保存する

当日に使うならパックごとすぐにチルド室。空気にふれる断面が少ないので長持ちしますが、翌日以降に使うものは、表面の雑菌の繁殖を防ぐために水分を拭き取ってからペーパータオルで包み、ラップでぴっちり包んでポリ袋に入れチルド室で保存する。

保存場所	チルド室	保存期間	4〜5日

冷凍保存

厚切りにして冷凍する

ブロック肉はそのままだと冷凍するのに時間がかかり、味が落ちてしまいます。1.5cm厚さに切ってから水分を拭き取り、1枚ずつラップでぴったりと包み、冷凍用保存袋に入れ冷凍しましょう。角煮用のサイズに切って冷凍するのも便利です。

解凍方法	冷蔵室解凍・氷水解凍・電子レンジ解凍・凍ったまま調理	保存期間	1か月

冷凍RECIPE

フライパンサムギョプサル

材料とつくり方（2人分）
冷凍豚バラブロック肉300gをバットに並べ、塩小さじ½とごま油小さじ2をまぶし、冷蔵庫で一晩置く。フライパンに並べて中火で両面焼き、にんにくの薄切りとキムチ各適量も一緒に焼く。食べやすく切って器に盛り、レタスを添える。

Part1 肉・肉の加工食品

豚ひき肉

選び方

コクとうまみを兼ね備えた
ジューシーな
万能選手！

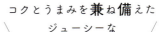

🔍 CHECK

淡いきれいなピンク色で
ツヤがあり、ドリップの
ないもの

冷蔵 保存

ペーパーで包んで保存する

細かく切ってあるひき肉は、厚切り肉などに比べて空気にふれている部分が多いので傷みやすい。当日使うならパックごとすぐにチルド室。翌日使うものや、残ったものは水分を拭き取り、ペーパーで包んでからぴっちりラップで包みポリ袋に入れる。

| 保存場所 | チルド室 | 保存期間 | **2日** |

冷凍 保存

小分けに包んで冷凍する

ペーパータオルで水分を拭き取り、肉の表面に薄く塩をふる。使いやすい分量ごとにラップでぴったりと平らに包み、冷凍用保存袋に入れ冷凍する。そぼろ炒めにして冷凍すると劣化を防ぎ、保存期間をのばせます。

| 解凍方法 | 冷蔵室解凍・氷水解凍・電子レンジ解凍・凍ったまま調理 | 保存期間 | **3週間** |

Petit MEMO

水＋小麦粉で簡単に羽根つき餃子ができる！

豚ひき肉の代表料理といえば餃子。お店でいただくようなパリッとした羽根つき餃子をつくってみたいなら、さし水大さじ6に小麦粉小さじ1を混ぜ合わせ、蒸し焼きにする際に加えてみて。最後にごま油を回しかければ、さらに皮がカリッとなります。

牛サーロイン ステーキ肉

肉質がきめ細かで やわらか ジューシー！

選び方

💡 **CHECK**

鮮やかな赤身に白い脂肪が霜降り状に入り、ツヤがありきめ細か。

冷蔵保存

ペーパーで包んで保存する

当日に使うならパックごとすぐにチルド室。翌日使うものや、残ったものはパックから取り出し、水分を拭き取ってからペーパータオルで包み、ラップでぴっちり包む。保存袋に入れて低温のチルド室で保存する。

| 保存場所 | チルド室 | 保存期間 | 3日 |

冷凍保存

塩・コショウをふって冷凍する

ペーパータオルで水分を拭き取り、肉の表面に薄く塩・コショウをふる。1枚ずつ空気が入らないようにラップでぴったりと包んでから冷凍用保存袋に入れる。

| 解凍方法 | 冷蔵室解凍・氷水解凍・電子レンジ解凍・凍ったまま調理 | 保存期間 | 3週間 |

Petit MEMO
家庭でステーキをおいしく焼く方法

ペーパーで水分を拭き取り、焼き縮みを防ぐために筋に切り込みを入れ、肉の重さの1％の塩をふってから常温に20分ほど置く。強火で40秒焼き、裏返してもう1〜2分焼く。取り出してホイルで包み、皿にのせて2〜3分ほど休ませるとさらにジューシーな食感に。

Part1 肉・肉の加工品

牛切り落とし肉

選び方

CHECK
赤身は深いあずき色

CHECK
色がくすんでいないもの

CHECK
ドリップがないもの

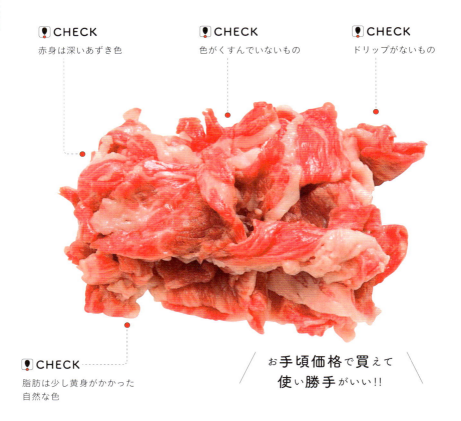

CHECK
脂肪は少し黄身がかかった自然な色

お**手頃価格**で買えて**使い勝手**がいい!!

お肉に合うのは本当に赤ワイン!?

濃厚なうまみと甘みのある牛肉は、コクや深みのある赤ワインと好相性。味わいが濃いもの同士だからこそ、牛肉のうまみをより一層引き立て、お互いのよさを高める組み合わせに。豚肉や鶏肉には、スッキリとした味わいの白ワインが合います。

38

冷蔵保存

水分を拭き取り保存する

当日に使うならパックごとすぐにチルド室。翌日使うものや、残ったものはパックから取り出し、ペーパータオルで水分を拭き取る。牛肉は変色しやすいので、ラップでぴっちり包み、ポリ袋に入れ、低温のチルド室で保存する。

保存場所	チルド室	保存期間	2日

冷凍保存

小分けに包んで冷凍する

ペーパータオルで水分を拭き取り、肉の表面に薄く塩をふる。使いやすい分量ごとにラップでぴったりと平らに包み、冷凍用保存袋に入れ冷凍する。下味をつけて冷凍すると劣化を防ぎ、保存期間をのばせます。

解凍方法	冷蔵室解凍・氷水解凍・電子レンジ解凍・凍ったまま調理	保存期間	1か月

冷凍RECIPE

簡単ハヤシライス

材料（2人分）
冷凍牛切り落とし肉　150g
塩・コショウ　各少々
小麦粉　大さじ1
玉ねぎ（薄切り）　½個分
マッシュルーム（缶詰）　50g
バター　15g
赤ワイン　大さじ4
ごはん　茶碗2杯分
パセリ（みじん切り）　適宜
A ┌ 水　大さじ6
　│ トマトケチャップ　大さじ4
　│ 顆粒コンソメ　小さじ2
　└ インスタントコーヒー　小さじ½

つくり方
1　冷凍牛肉は解凍してペーパーで水分を拭き取り、塩・コショウをして小麦粉をまぶす。
2　フライパンにバターを入れ中火で熱し、1と玉ねぎ、缶汁を切ったマッシュルームを加え炒める。肉に火が通ったら、赤ワインを加えてアルコールが飛ぶまで炒める。
3　Aを注ぎ、弱めの中火でとろみが出るまで7〜8分ほど煮る。
4　器にごはんを盛り3をかけ、あればパセリのみじん切りを散らす。

Part 1 肉・肉の加工食品

合いびき肉

選び方

牛と豚のうまみとコクで幅広い料理に大活躍！

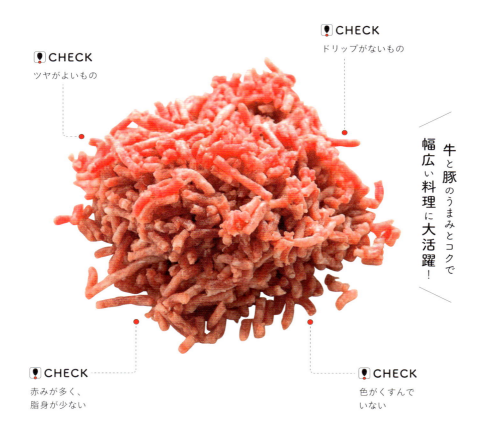

● CHECK
ツヤがよいもの

● CHECK
ドリップがないもの

● CHECK
赤みが多く、脂身が少ない

● CHECK
色がくすんでいない

Petit MEMO

ハンバーグがおいしくなる隠し味とは!?

合いびき肉でつくる代表的メニューといえばハンバーグ。合いびき肉100ｇの肉だねに対して小さじ1のマヨネーズを隠し味に加えると、加熱によるたんぱく質の結合をソフトにしてくれるので、ふんわりジューシーに仕上がりますよ。

冷蔵保存

ペーパーで包んで保存する

細かく切ってあるひき肉は、厚切り肉などに比べて空気にふれている部分が多いので傷みやすい。当日使うならパックごとすぐにチルド室。翌日使うものや、残ったものは水分を拭き取り、ペーパーで包んでからぴっちりラップで包みポリ袋に入れる。

保存場所	チルド室	保存期間	2日

冷凍保存

そのまま袋に入れて冷凍する

ペーパータオルで水分を拭き取り、そのまま冷凍用保存袋に入れ、空気が入らないように、薄く平らにする。使いやすい分量になるように箸などで分け目をつけて冷凍すると、凍ったまま折って使えるので便利です。

解凍方法	冷蔵室解凍・氷水解凍・電子レンジ解凍・凍ったまま調理	保存期間	3週間

冷凍RECIPE

こねないハンバーグのピザ風

材料（2人分）
冷凍合いびき肉　200g
サラダ油　大さじ½
塩・コショウ　各少々
ケチャップ　大さじ2
ピーマン（薄い輪切り）　½個分
赤ピーマン（薄い輪切り）　½個分
コーン　大さじ1
ピザ用チーズ　30g

つくり方
1　冷凍合いびき肉は凍ったまま4つに割り、袋から取り出す。
2　フライパンにサラダ油を入れ中火で熱し、1を凍ったまま並べる。蓋をして弱めの中火で3〜4分ほど焼き、焼き色がついたらひっくり返して塩・コショウをふる。
3　ケチャップを塗り、ピーマンと赤ピーマン、コーン、チーズをのせ、蓋をしてもう2〜3分ほど蒸し焼きにする。

牛ひき肉

選び方

ちょっぴり**高価**だけど、コクのある**味わい**に**脱帽**です！

🔖 CHECK
鮮やかな赤色でツヤがあり、パックにドリップがないもの

冷蔵保存

ペーパーで包んで保存する

細かく切ってあるひき肉は、厚切り肉などに比べて空気にふれている部分が多いので傷みやすい。当日使うならパックごとすぐにチルド室。翌日使うものや、残ったものは水分を拭き取り、ペーパーで包んでからぴっちりラップで包みポリ袋に入れる。

| 保存場所 | チルド室 | 保存期間 | **2日** |

冷凍保存

小分けに包んで冷凍する

ペーパータオルで水分を拭き取り、肉の表面に薄く塩をふる。使いやすい分量ごとにラップでぴったりと平らに包み、冷凍用保存袋に入れ冷凍する。そぼろ炒めにして冷凍すると劣化を防ぎ、保存期間をのばせます。

| 解凍方法 | 冷蔵室解凍・氷水解凍・電子レンジ解凍・凍ったまま調理 | 保存期間 | **3週間** |

冷凍RECIPE

焼肉そぼろのレタス包み

材料とつくり方（2人分）
フライパンにサラダ油小さじ1を入れ中火で熱し、冷凍牛ひき肉100gを入れ、蓋をして弱めの中火で3〜4分ほど焼く。ひっくり返して木べらでほぐし、焼肉のタレ大さじ2を加え煮絡める。ちぎったレタス適量にのせ、白いりごまを少々ふる。

レバー

選び方

独特な味わいだけど、鉄分豊富なスタミナ食材です！

🔖 **CHECK**
赤みがさした鮮やかな色で、ツヤとプリッとした弾力があるもの

冷蔵保存

ペーパーで包んで保存する

レバーはすぐに生臭くなってしまうので、購入したらすぐに水洗いし、薄い塩水に1時間ほどつけて血抜きをし、途中で2～3回ほど水を替えましょう。水けをよく拭き取り、ペーパーで包んでから空気が入らないようにラップで包みポリ袋に入れる。

保存場所	チルド室	保存期間	1～2日

冷凍保存

下処理して炒め冷凍する

しっかりと下処理をすれば生でも冷凍は可能ですが、炒めて冷凍した方が、生から冷凍よりも保存期間がのびておいしく保存できる。下処理したらフライパンで炒めて塩・コショウ。冷めたらそのまま冷凍用保存袋に入れて空気を抜き冷凍する。

解凍方法	冷蔵室解凍・氷水解凍・電子レンジ解凍・凍ったまま調理	保存期間	3週間

Petit MEMO

レバーの臭みを軽減する方法

レバーの臭みを軽減したいなら、牛乳につける方法が一般的ですが、牛乳1：酒1でつけるとより臭みを和らげてくれます。また、酒2：醤油1につける方法だと臭みを和らげるだけでなく、下味の効果も加わり風味もよくなります。

Part1 肉・肉の加工食品

ソーセージ

肉類を細かく切って調味し、
腸などに詰めて茹でたり燻製にした食肉加工食品のこと。

うまみたっぷりで、
**パリッと
ジューシー！**

ウインナーとの違いは？

ウインナーとは、ソーセージの一種で「ウイーン風」という意味。オーストリアのウイーンが発祥のソーセージです。

Petit MEMO

タコさんウインナーは電子レンジで！

赤いウインナーに包丁で数か所切り込みを入れたら耐熱皿に並べ、ラップをしないで電子レンジで40秒〜50分ほど加熱すればタコさんウインナーの完成。茹でなくてもいいので、忙しい朝のお弁当づくりやおつまみに便利です。

冷蔵保存

ペーパーで包んで保存する

開封前ならそのままチルド室で保存。開封後は、雑菌の繁殖を防ぐためにパックから取り出し、ペーパータオルで数本まとめて包み、保存袋に入れる。残りが1～2本なら、ラップで包むだけでもOKです。

| 保存場所 | チルド室 | 保存期間 | 5～7日 |

冷凍保存

そのまま保存袋に入れ冷凍する

ソーセージはそのまま冷凍用保存袋に入れ、空気を抜いて冷凍する。凍ったままスープや煮物に加えて便利。室温に5分ほど置いておけば、使いやすい大きさに切れるので炒め物にも重宝します。

| 解凍方法 | 常温解凍・冷蔵室解凍・凍ったまま調理 | 保存期間 | 1か月 |

冷凍RECIPE

ソーセージとじゃがいものすし酢炒め

材料（2人分）
冷凍ソーセージ　3本
じゃがいも　1個
玉ねぎ　¼個
サラダ油　大さじ½
すし酢（市販品）　大さじ1
黒コショウ　適量

つくり方
1　冷凍ソーセージは室温に5分ほど置いてから縦半分に切り、斜め薄切りにする。じゃがいもは細切りにし、水に軽くさらしてから、ペーパータオルで水けをしっかりと拭き、玉ねぎは薄切りにする。
2　フライパンにサラダ油を入れ中火で熱し、1を炒める。全体に火が通ったら、すし酢を加えて炒め合わせる。
3　器に盛り、黒コショウをふる。

Part1 肉・肉の加工食品

ベーコン

豚肉を塩漬けにした食肉加工食品のひとつで、
主にバラ肉を使用。加熱調理向き。

ジューシーな**脂**に
コクとうまみが
たっぷり！

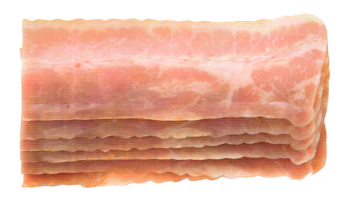

ショルダーベーコンとは？

脂身が多い豚バラ肉ではなく、豚肩ロース肉でつくられるベーコンのこと。ちょっぴり上品な味わい。

Petit MEMO
2分でカリカリベーコンをつくる方法

耐熱皿にペーパータオルを1枚敷き、半分に切ったベーコン2枚分を並べ、ペーパータオルをもう1枚かぶせる。電子レンジで1分加熱し、ペーパーごとひっくり返してもう1分。電子レンジなら時短だし、ペーパーが油を吸い取ってくれるからヘルシーですよ。

冷蔵保存

水分を拭き取り保存する

開封前ならそのままチルド室で保存。開封後はパックから取り出し、ペーパータオルで水分を拭き取り、空気が入らないようにラップでぴったりと包んで、保存袋や保存容器に入れてチルド室へ。

保存場所	チルド室	保存期間	5〜7日

冷凍保存

じゃばらに包んで冷凍する

そのまま、もしくは半分に切って、ベーコンを1枚ずつラップに並べる。別のラップを上にかぶせてからじゃばらに包み、冷凍用保存袋に入れる。凍ったまま使いたい分だけ切って調理に使えるので便利。

解凍方法	冷蔵室解凍・凍ったまま調理	保存期間	1か月

冷凍RECIPE

カリカリベーコンとマッシュルームのサラダ

材料（2人分）
ベビーリーフ　1パック
マッシュルーム（白）　6個
冷凍ベーコン　1枚分
オリーブオイル　大さじ2
にんにく（みじん切り）　1片分
醤油　大さじ1
粉チーズ　適量
黒コショウ　適量

つくり方
1　ベビーリーフは水に5分さらしてシャキッとさせ、ザルに上げて水けを切る。マッシュルームは軸を切り落として、縦薄切りにする。合わせて器に盛る。
2　冷凍ベーコンは凍ったまま2cm幅に切る。
3　フライパンにオリーブオイルを熱し、にんにくと2を炒め、ベーコンがカリッとしてきたら火を止め、醤油を加え混ぜる。
4　3を1にかけ、粉チーズと黒コショウをふる。

Part1 肉・肉の加工食品

ハム

塩漬けした豚もも肉をボイルしたもので、そのまま食べられる。

ヘルシーなハムは手軽に使えて便利！

冷蔵保存

水分を拭き取り保存する

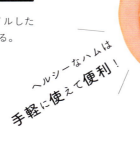

開封前ならそのままチルド室で保存。開封後はパックから取り出し、ペーパータオルで水分を拭き取り、空気が入らないようにラップでぴったりと包んで、保存袋や保存容器に入れてチルド室。

保存場所	**チルド室**	保存期間	**5〜7日**

冷凍保存

小分けに包んで冷凍する

1枚ずつ、もしくは使いやすい枚数ごとにラップに重ねて包み、冷凍用保存袋に入れる。冷蔵室で解凍してから好きな大きさに切って調理に使う。1〜2枚ずつなら凍ったまま調理も可能。

解凍方法	**冷蔵室解凍・凍ったまま調理**	保存期間	**1か月**

Petit MEMO
ハムの長さを均等に切る裏ワザ

ハムは半分に切ってから細切りにするのではなく、上下を少しだけ切ってから、残った部分を縦に細切りにすれば長さが均等になります。見た目が美しい冷やし中華や春雨サラダが完成しますよ。

生ハム

豚もも肉を塩漬けし、茹でたり燻煙したりせずに乾燥させたもの。

高級感漂うしっとり食感！

冷蔵 保存

小分け保存でチルド室

開封前ならそのままチルド室で保存。開封後はパックから取り出し、食べやすい量ごとにラップでぴったりと包んで、保存袋や保存容器に入れてチルド室。

保存場所	チルド室	保存期間	5〜7日

冷凍 保存

ラップ＆ホイルで冷凍する

食べやすい量ごとにラップに重ねて包み、アルミホイルに包んでから冷凍用保存袋に入れると、酸化と乾燥を防ぎ、香りも飛ばない。冷蔵室で解凍して、そのまま食べるか、サラダやマリネに。

解凍方法	冷蔵室解凍	保存期間	1か月

Petit MEMO

生ハムは常温に戻してはがせばきれい！

買ってきた生ハムを真空パックから取り出して1枚ずつはがそうと思ってもきれいにはがせない。そんなときは、生ハムを常温に戻してみて。常温に置くことで脂が溶け出し、1枚ずつはがしやすくなります。

牛かたまり肉とラムチョップの保存方法も学びましょう

肉のうまみが存分に味わえるローストビーフ用の牛かたまり肉と、近年じわじわと人気が広まってきた、ヘルシーで女性に人気のラム肉。どちらもちょっぴり値が張るものなので、保存のコツを学んでおきましょう。

牛かたまり肉

選び方
ツヤのある鮮やかなあずき色。ローストビーフにするなら部位はもも肉がよい。

冷蔵保存
保存期間　チルド室で3日
水分を拭き取り、ペーパータオルで包んでからラップでぴっちり包み、ポリ袋に入れる。

冷凍保存
保存期間　1か月
かたまりのままラップ＆アルミホイルで二重に包んでから冷凍用保存袋に入れる。解凍は冷蔵室でゆっくりと。

ラムチョップ

選び方
きれいな赤色、もしくは淡いピンク色で脂肪が白くドリップがないもの。

冷蔵保存
保存期間　チルド室で3日
水分を拭き取り、酒をふるか、塩・コショウなどの下味をつけてポリ袋に入れる。

冷凍保存
保存期間　1か月
ラップを敷いたトレイに1本ずつ離して並べ、凍らせてから冷凍用保存袋に入れる。解凍は冷蔵室でゆっくりと。

Part 2

魚・魚の加工食品

手間のかかる魚の下ごしらえ。
でも保存のコツさえ分かれば、
おいしく長持ちするから、
ムダなく使い切れて節約に！
魚の加工食品の保存アイデアも
一緒にご紹介します。

Part 2 魚・魚の加工食品

あじ

選び方

旬 春〜夏

CHECK
目が澄んでいるもの

CHECK
身に傷がないもの

CHECK
全体的にピンとハリのあるもの

CHECK
エラが鮮やかな紅色なもの

＼栄養いっぱいなのに他の青魚に比べてヘルシー！／

Petit MEMO

捨てちゃう部分がお酒のおつまみに!?

3枚におろして残ってしまったアジの中骨。カリッと揚げて骨せんべいにしてみませんか？ つくり方は簡単。塩を少々ふって5分ほど置いたらペーパータオルで水分を拭き取り、160℃の油で7〜8分ほど揚げ、最後に180℃で1分揚げれば完成です。

冷蔵保存

すぐに下処理をしてチルド室

あじは鮮度が落ちるのが早いので、買ってきたらすぐに下処理をする。うろこ、ぜいご、頭、内臓を取り除き、水で洗う。塩をふってしばらく置き、ペーパータオルで水けを拭き取り(腹の内側も拭く)、1尾ずつラップで包んでポリ袋に入れチルド室。

保存場所	チルド室	保存期間	2〜3日

冷凍保存

3枚におろして冷凍する

うろこ、ぜいご、頭、内臓を取り除き、水で洗う。塩をふってしばらく置いてからペーパータオルで水けを拭き取り、3枚におろして酒少々をふり、1枚ずつラップで包んで冷凍保存袋に入れる。凍ったまま煮物や衣をつけてフライに。

解凍方法	冷蔵室解凍・氷水解凍・凍ったまま調理	保存期間	1か月

冷凍RECIPE

あじの塩麹アクアパッツァ

材料(つくりやすい分量)
冷凍あじ(3枚おろし) 2尾分
にんにく(みじん切り) 1片
あさり 100g
ミニトマト 8個
スナップエンドウ 6本
オリーブオイル 大さじ1
A ┌ 水 100ml
　├ 白ワイン 大さじ2
　└ 塩麹 大さじ1

つくり方
1　あさりは砂抜きし、ミニトマトは半分に切って、スナップエンドウは筋を取る。
2　フライパンにオリーブオイルとにんにくを入れ中火で熱し、香りが出たら冷凍あじを入れ焼く。
3　片面に焼き色がついたら裏返し、あさりとAを加え、蓋をして蒸す。
4　あさりの口が開いたらミニトマトとスナップエンドウを加え、蓋をして弱めの中火でもう5分ほど煮て、器に盛る。

Part 2 魚・魚の加工食品

いわし

選び方

旬 夏

お手頃価格で DHA や EPA も豊富!!

CHECK 目が澄んでいる

CHECK エラが鮮やかな紅色

CHECK 黒い斑点がはっきりしている

CHECK 全体的にハリがあるもの

冷蔵庫でいわしの干物をつくってみよう!

いわしは2枚におろし、塩水（水300㎖＋塩30g）に1時間ほどつけ、ペーパータオルで水けを拭き取りザルにのせる。ラップをかけずに冷蔵庫に入れて1日置けば一夜干しの完成です。庫内は極度の乾燥状態なので失敗なくつくれますよ。

冷蔵保存

すぐに下処理をしてチルド室

いわしは鮮度が落ちるのが早いので、買ってきたらすぐに下処理をする。うろこ、頭、内臓を取り除き、水で洗う。塩をふってしばらく置き、ペーパータオルで水けを拭き取り（腹の内側も拭く）、1尾ずつ包んでポリ袋に入れチルド室へ。

保存場所	チルド室	保存期間	2日

冷凍保存

手開きにして1枚ずつ冷凍する

うろこ、頭、内臓を取り除き、水で洗う。塩をふってしばらく置いてからペーパータオルで水けを拭き取り、手開きにする。酒少々をふり、1枚ずつラップで包んで冷凍保存袋に入れる。凍ったままかば焼きやフライに。煮魚にして汁ごと冷凍もおすすめ。

解凍方法	冷蔵室解凍・氷水解凍・凍ったまま調理	保存期間	1か月

冷凍RECIPE

いわしと赤玉ねぎの南蛮漬け

材料（2人分）
赤玉ねぎ　¼個
冷凍いわし（手開き）　2枚
片栗粉　適量
A ┌ 醤油　大さじ2
　├ 酢　大さじ2
　└ 砂糖　大さじ2
揚げ油　適量

つくり方
1　赤玉ねぎは薄切りにする。
2　Aをバットに入れてよく混ぜ合わせ、1を加える。
3　冷凍いわしは片栗粉をまぶし、170℃の油で4〜5分ほど揚げる。
4　揚げたらすぐに2に加えて混ぜ、10分ほど漬ける。

Part 2 魚・魚の加工食品

サーモンの切り身

旬 秋

選び方

鮮やかな色が和食にも洋食にもよく合います！

CHECK
身の断面に
ハリとツヤがある

CHECK
さし（白いスジ）が
多いと脂が多く甘い

CHECK
ドリップが
出ていないもの

サーモンと鮭の違いとは？

サーモンは淡水魚で輸入品が多く生食可。鮭は海水魚で国産のものが多く生食不可。ちなみに生鮭は旬の時期に多く出回り、塩を添加していないので身がふっくらとしてジューシー。塩鮭は塩を加えていて保存がきく。保存方法はサーモンと同じ。

冷蔵保存

酒をふって保存する

当日に使うならパックごとすぐにチルド室。翌日使うものや、残ったものはパックから取り出し、ペーパータオルで水分を拭き取る。酒を軽くふってポリ袋に入れ、空気を抜いて袋を縛りチルド室で保存する。

保存場所	チルド室	保存期間	2〜3日

冷凍保存

生のまま — 酒をふり1切れずつ包む

さっと水洗いしてペーパータオルで水けを拭き、酒少々をふって1切れずつラップで包み、冷凍用保存袋に入れて冷凍する。そぎ切りにして冷凍しても便利。味噌漬けや醤油漬けにすれば、劣化を防ぎ保存性もさらに高まる。

解凍方法	冷蔵室解凍・氷水解凍・凍ったまま調理	保存期間	1か月

焼いて — 塩鮭は焼いてほぐして冷凍する

塩鮭はペーパータオルで水けを拭き、酒少々をふってグリルやフライパンで焼く。骨を取ってほぐし、冷めたらラップで小分けに包み、冷凍用保存袋に入れる。酒をふることでふっくらと仕上がる。生鮭やサーモンは塩をふって焼く。

解凍方法	冷蔵室解凍・凍ったまま調理	保存期間	1か月

冷凍RECIPE

鮭とレタスのポテトサラダ

材料とつくり方（2人分）

じゃがいも2個は皮をむき、ひと口大に切って水から茹でる。やわらかくなったら水けを切ってボウルに移し、酢小さじ1を加え粗くつぶす。解凍した冷凍甘塩鮭（焼いてほぐしたもの）1切れ分とマヨネーズ大さじ2、1cm幅に切ったレタス1枚分を加え混ぜる。

Part 2 魚・魚の加工食品

鯛の切り身

旬 春と秋

選び方

濃厚なおいしさで
脂肪が多いから
ジューシー！

CHECK
皮に光沢と
ツヤがある

CHECK
パックに水分が
たまっていないもの

CHECK
身に透明感がある

CHECK
厚みがあり、
断面にハリがある

Petit MEMO

鯛の皮をパリッと焼く裏ワザ

基本的に魚は皮に脂がのっているので、そのまま焼いてしまうと脂が流れず皮がパリッと仕上がりません。包丁で皮に切り目を入れておくと、余分な脂が流れ出て皮がパリッと仕上がります。ぜひ試してみてください。

冷蔵保存

酒をふって保存する

当日に使うならパックごとすぐにチルド室。翌日使うものや、残ったものはパックから取り出し、ペーパータオルで水分を拭き取る。酒を軽くふってポリ袋に入れ、空気を抜いて袋を縛りチルド室で保存する。

保存場所	チルド室	保存期間	2〜3日

冷凍保存

酒をふり1切れずつ包む

塩水でさっと洗ってペーパータオルで水けを拭き、酒少々をふって1切れずつラップで包み、冷凍用保存袋に入れて冷凍する。味噌漬けやオイル漬けなどにすれば、劣化を防ぎ保存性もさらに高まります。

解凍方法	冷蔵室解凍・氷水解凍・凍ったまま調理	保存期間	1か月

冷凍RECIPE

お手軽鯛飯

材料（4人分）
冷凍鯛の切り身　2切れ
米　2合
三つ葉（ざく切り）　適宜
A ┌ 酒　大さじ1
　├ みりん　大さじ1
　├ 塩　小さじ⅔
　└ 顆粒和風だし　小さじ1

つくり方
1　米は洗ってザルに上げ、水けを切る。炊飯器に入れてAを加え、目盛りまで水を注ぎ、時間があれば、30分ほど浸水する。
2　冷凍鯛の切り身をのせ、蓋をして炊飯ボタンを押す。
3　炊き上がったら鯛を取り出して骨を取り、ほぐしながら混ぜて器に盛り、あれば三つ葉を飾る。

Part 2 魚・魚の加工食品

ぶりの切り身

選び方

食べ応えのある食感で和食によく合う魚です！

旬 冬

💡 **CHECK**
身に透明感とハリがあり、血合いが赤いものが新鮮

冷蔵保存

酒をふって保存する

当日に使うならパックごとすぐにチルド室。翌日使うものや、残ったものはパックから取り出し、ペーパータオルで水分を拭き取る。酒を軽くふってポリ袋に入れ、空気を抜いて袋を縛りチルド室で保存する。

保存場所	チルド室	保存期間	2〜3日

冷凍保存

酒をふり1切れずつ包む

塩水でさっと洗ってペーパータオルで水けを拭き、酒少々をふって1切れずつラップで包み、冷凍用保存袋に入れて冷凍する。ひと口大のそぎ切りにして冷凍しても便利です。味噌漬けや醤油漬けなどにすれば、劣化を防ぎ保存性もさらに高まる。

解凍方法	冷蔵室解凍・氷水解凍・凍ったまま調理	保存期間	1か月

Petit MEMO

他の切り身も保存方法は同じでOK！

かじきやさわら、さば、たらなどの切り身の冷蔵・冷凍保存方法はぶりと同じでOK。味噌漬けや醤油漬け、オイル漬けなどにすれば、劣化を防ぎ保存性もさらに高まり、解凍して焼くだけで味噌焼きなどに、また竜田揚げなどと楽しめるので便利です。

刺身

選び方

幅広い年齢層に人気のお刺身!

💡 **CHECK**
身にハリがあり、ドリップが出ていないもの

冷蔵保存

ペーパーで包んでチルド室

カットした刺身はさくに比べて傷みやすいので当日中に食べきり、さくは水分があると臭みや雑菌繁殖の原因になるので、ペーパータオルで包んでから保存袋に入れてチルド室で保存する。

保存場所	チルド室	保存期間	【カット】当日 / 【さく】2日

冷凍保存

さくのまま包んで冷凍する

刺身はさくならおいしく冷凍ができます。塩水にくぐらせてから水けを拭き取り、そのままラップでぴったりと包み、冷凍用保存袋に入れて冷凍する。解凍のものは再冷凍NGなので、冷凍せずに食べきりましょう。

解凍方法	冷蔵室解凍	保存期間	3週間

Petit MEMO

カットした刺身は漬けにして保存する

カットした刺身の長期保存は基本的にNGですが、どうしても保存したい場合は漬けにしましょう。刺身に醤油2:みりん1:酒1の割合で合わせた調味料を加えれば冷蔵なら2日、冷凍なら1か月保存が可能。漬け丼や、竜田揚げにしてもおいしいですよ。

Part 2 魚・魚の加工食品

いか

選び方

旬 スルメイカ 7〜9月

生でも煮ても
焼いても
おいしい!!

CHECK
胴の表面が濃い茶色

CHECK
目が澄んでいて
黒くて丸い

CHECK
光沢やハリがある

Petit MEMO

いかの皮むきはペーパータオルならすべらず簡単!

いかの皮むきにはペーパータオルが便利。つるつるしている皮もペーパーだとしっかりとつかめるのですべらず、むきやすくなります。濡れてきたらペーパーの位置を変え、つまんで引っ張るを繰り返せばOKです。

冷蔵保存

内臓を取り出し保存する

いかは鮮度が落ちやすく内臓も傷みやすいので、内臓と軟骨を取り出し、足の長い部分を切り落として吸盤は包丁でこそげ取る。流水で洗いペーパータオルで水けを拭き取って、ポリ袋に入れる。

保存場所	チルド室	保存期間	2日

冷凍保存

使いやすく切って冷凍する

下処理をしたら、胴体、足の2つに分けるか、使いやすい大きさに切り分けて、ラップで包み、冷凍用保存袋に入れる。生の他、茹でて冷凍しても便利です。

解凍方法	冷蔵室解凍・氷水解凍・凍ったまま調理	保存期間	1か月

冷凍RECIPE

洋風いかめし

材料（2人分）
冷凍いか（胴）　1ぱい分
冷凍ピラフ（市販）　適量
塩・コショウ　各少々
ごま油　小さじ1
ベビーリーフ・ミニトマト　各適宜

つくり方
1　冷凍いかは解凍し、竹串で胴に20か所ほど穴をあけ、冷凍ピラフを8割ほど詰める。竹串で留め、全体に塩・コショウをふる。
2　フライパンにごま油を入れて中火で熱し、1を入れ、両面に焼き色がついたら、すぐに取り出す。
3　耐熱皿にのせてラップをかけ、電子レンジ（600W）で5分加熱する。
4　ラップを外して粗熱を取り、食べやすく切って器に盛り、あればベビーリーフ、ミニトマトを添える。

Part 2 魚・魚の加工食品

干物

選び方

塩味がほどよくきいて ぎゅっとうまみが 凝縮!!

💡 **CHECK**
色ツヤがよく、全体がふっくら丸みを帯びていて腹に白い脂があるもの

冷蔵保存

1枚ずつ包んでチルド室

干物は、生魚に比べて日持ちはしやすいものの、日にちが経つにつれて酸化して風味が落ちてしまいます。1枚ずつラップでぴったり包み、保存袋に入れてチルド室で保存しましょう。しばらく食べないなら、冷蔵よりも冷凍がおすすめです。

保存場所 **チルド室**	保存期間 **5日**

冷凍保存

ラップ&ホイルで冷凍する

酸化の原因となる光や温度変化をしっかりと遮断するために、干物は1枚ずつラップでぴったりと包んだら、さらにアルミホイルで包み冷凍用保存袋に入れましょう。冷凍した干物は解凍するとうまみが流れ出てしまうので、凍ったままグリルで加熱して。

解凍方法 **凍ったまま調理**	保存期間 **1か月**

Petit MEMO

干物をフライパンでおいしく焼く方法

干物に日本酒を吹きかけてから焼くと、風味がよくなり、ふんわりと焼きあがります。クッキングシートを敷いたフライパンに身を上にして置き、中火にかけ5〜6分ほど焼く。身が白く変わってきたらひっくり返し、もう3分ほど焼けば完成。

えび

選び方

旬 通年

プリッと**食感**が
たまらない!!

💡 CHECK
殻が透き通っていて、形が
しっかりしているもの

冷蔵保存

塩水で洗ってからチルド室

その日に使うならパックごとすぐにチルド室。翌日使うなら塩水で洗って汚れを取り、背ワタを取る。ペーパータオルで水けを拭き取ってからポリ袋に入れてチルド室。有頭エビの場合は傷みやすい頭と内臓を取って保存する。

| 保存場所 | **チルド室** | 保存期間 | **2日** |

冷凍保存

保存袋に入れて冷凍する

塩水で洗って汚れを取り、背ワタを取る。ペーパータオルで水けを拭き取ってから冷凍用保存袋に重ならないように並べて、空気を抜いて冷凍する。生の他、茹でて冷凍しても便利です。

| 解凍方法 | **冷蔵室解凍・氷水解凍・凍ったまま調理** | 保存期間 | **2〜3週間** |

Petit MEMO

シーフードミックスは塩水解凍でおいしく！

冷凍シーフードミックスの解凍は、真水ではなく海水と同じ3〜4％の塩水につけて解凍すると独特の臭みが取れておいしく解凍できます。冷凍むきえびなども、ぜひ塩水で解凍してください。

Part 2 魚・魚の加工食品

あさり

選び方

旬 3〜5月

CHECK
口がしっかり閉じている

CHECK
塩水に入れるとすぐに水管を出すもの

CHECK
パック内の海水が透明で濁っていないもの

＼シンプルな**調理**でも**驚**くほどうまみたっぷり！／

Petit MEMO
失敗しないあさりの砂抜き方法

殻をこすり洗いしたらバットにあさりを重ならないように並べ、3％の塩水を注ぎ、新聞紙やアルミホイルをかけて2時間以上冷蔵室に置きましょう。ボウルだと上の貝が吐き出した砂を下の貝が吸ってしまうので、砂が残ってしまいます。

66

冷蔵保存

塩水につけて保存する

砂抜きしたら、ボウルまたはバットに塩水（あさりは3％）と一緒に入れ、新聞紙やアルミホイル、ラップなどをふんわりとかぶせて冷蔵室で保存する。その日に使わない場合は、毎日塩水を取り替えれば鮮度が保たれます。

保存場所	冷蔵室	保存期間	2〜3日

冷凍保存

砂抜きしてから冷凍する

砂抜きしたら水けをよく拭き取り、冷凍用保存袋に入れて空気を抜き保存する。もしくは、保存容器に入れてかぶるくらいの水を注ぎ冷凍室へ。氷漬けにすることで身の劣化を防ぎ、保存期間が2〜3か月ほどと長くなります。

解凍方法	凍ったまま調理	保存期間	3週間

冷凍RECIPE

あさりとにんにくの芽の中華炒め

材料（2人分）
冷凍あさり　250ｇ
にんにくの芽　4本
長ねぎ　¼本
赤唐辛子　1本
にんにく　2片
サラダ油　大さじ1
ごま油　小さじ1
A ┌ 酒　大さじ1
　├ 醤油　小さじ2
　└ みりん　小さじ1

つくり方
1　長ねぎは縦半分に切って斜め切りにし、にんにくの芽は3〜4cm長さに切る。赤唐辛子は種を取り除き、半分にちぎる。にんにくは縦薄切りにする。
2　フライパンにサラダ油、赤唐辛子、にんにくを入れ熱し、香りが出たら冷凍あさり、長ねぎ、にんにくの芽を加え中火で軽く炒め、Aを入れて蓋をする。
3　あさりの口が開いたら、ごま油をまわし入れて混ぜ合わせ、器に盛る。

Part 2 魚・魚の加工食品

しじみ

選び方

肝臓機能をUPし
二日酔いの
うれしい味方！

旬 夏と冬

💡 **CHECK**
表面にツヤがあり、塩水に入れるとすぐに水管を出すものが新鮮です

冷蔵保存

塩水につけて保存する

砂抜きしたらボウルまたはバットに塩水（しじみは1％）と一緒に入れ、新聞紙やアルミホイル、ラップなどをかぶせて冷蔵室で保存する。その日に使わない場合は、毎日塩水を取り替えれば鮮度が保たれます。

保存場所 **冷蔵室**	保存期間 **2〜3日**

冷凍保存

砂抜きしてから冷凍する

砂抜きしたら水けをよく拭き取り、冷凍用保存袋に入れて空気を抜き保存する。しじみは冷凍すると肝臓にいいオルニチンが5〜8倍になるので、冷凍して使った方が栄養面ではお得。凍ったまま加熱調理して使いましょう。

解凍方法 **凍ったまま調理**	保存期間 **3週間**

Petit MEMO

冷凍しじみの水から加熱はNGです！

生のしじみは水から加熱しますが、冷凍したしじみは水から加熱すると殻が開きません。冷凍しじみは急激な温度変化で殻が開くので、熱湯に入れて調理しましょう。あまりグツグツと煮てしまうと身がかたくなってしまうので注意して。

ほたての貝柱

旬 6〜8月

心地のよい歯応えで、身厚なプリプリ食感！

選び方

CHECK
身にツヤとハリがあり、透明感があるものが新鮮です

冷蔵保存

すぐにチルド室で保存する

基本的にほたては鮮度が落ちやすく、日持ちがしません。買ってきたらすぐにパックごとチルド室で保存し、購入した日に食べきること。

保存場所	チルド室	保存期間	1日

冷凍保存

1つずつ包んで冷凍する

ほたては薄い塩水にくぐらせてから水けを拭き取り、1つずつ、もしくは使いやすい分量ごとにラップでぴったりと包み、冷凍用保存袋に入れて冷凍する。解凍のものは再冷凍NGなので、冷凍せずに食べきりましょう。

解凍方法	冷蔵室解凍・氷水解凍・凍ったまま調理	保存期間	3週間

冷凍RECIPE

アスパラとほたてのバター醤油炒め

材料とつくり方（2人分）

冷凍ほたて6個は解凍し、アスパラ4本は根元を切って斜め切りにする。フライパンにバター10gを入れ中火で熱し、ほたてとアスパラを加え焼く。焼き色がついたら醤油小さじ1と塩・黒コショウで調味し、器に盛りくし形のレモンを添える。

うなぎのかば焼き

スタミナ満点で、夏バテにも効果的！

旬 通年／天然は10〜12月

選び方

💡 **CHECK**
国産のうなぎは、中国産に比べて脂や臭みが少ないのでおすすめ

冷蔵保存

ラップに包んでポリ袋

真空タイプのものはそのままチルド室で保存。パックで購入したものや残ったものはラップでぴったりと包み、ポリ袋に入れてチルド室で保存する。付属のタレは、冷蔵室やドアポケットで1〜2か月ほど保存ができる。

| 保存場所 | チルド室 | 保存期間 | 3日 |

冷凍保存

小分けに包んで冷凍する

真空タイプのものはそのまま冷凍保存。パックで購入したものは食べやすい量に切り分け、1枚ずつラップでぴったりと包み、冷凍用保存袋に入れて冷凍する。冷凍したうなぎは冷蔵室解凍してから加熱した方がおいしくいただける。

| 解凍方法 | 冷蔵室解凍・電子レンジ解凍 | 保存期間 | 1か月 |

市販のかば焼きをおいしく食べる裏ワザ！

市販のうなぎのかば焼きをザルにのせ、熱湯をまわしかけたら多めの油で片面1分ずつ焼き、油を拭き取りご飯にのせ、タレをかけて食べてみて。熱湯をかけることでコラーゲンが溶け出して食感がやわらかくなり、臭みも気になりません。

スモークサーモン

塩漬けした鮭の燻製。スモーキーな香りとうまみが特徴。

鮮やかなピンク色が料理を華やかにしてくれる！

冷蔵保存

ラップに包んでポリ袋

未開封ならパックごとチルド室で保存。開封したものは、ラップで包み保存袋に入れてチルド室へ。燻製処理されているので長持ちしますが、空気に触れないようにしっかり密閉しましょう。

| 保存場所 | チルド室 | 保存期間 | 1週間 |

冷凍保存

小分けに包んで冷凍する

未開封ならパックごと冷凍保存。開封したものは、食べやすい量ごとにラップで包み冷凍用保存袋に入れて冷凍する。解凍しペーパータオルで水分を拭き取ってから、マリネや和え物に。

| 解凍方法 | 冷蔵室解凍 | 保存期間 | 1か月 |

冷凍RECIPE

枝豆とスモークサーモンのマリネ

材料とつくり方（2人分）

冷凍枝豆は解凍してさやから出し30gにする。冷凍スモークサーモン50gは解凍してひと口大に切り、玉ねぎ¼個は薄切りにして5分酢水にさらし、水けを拭き取る。ボウルに枝豆、スモークサーモン、玉ねぎを入れて市販のすし酢大さじ2で和える。

Part 2 魚・魚の加工食品

しらす干し&ちりめんじゃこ

選び方

カルシウムが**豊**かで、ごはんがすすむ**味**！

CHECK
身が白いもの

CHECK
身がふっくらとしているもの

しらす干しとちりめんじゃこの違い

どちらもイワシの稚魚のことで、水分量を6〜7割程度にしたものが「しらす干し」。5割以下にしたものを「ちりめんじゃこ」と呼ぶ。

Petit MEMO

カリカリじゃこは電子レンジで簡単に！

耐熱皿にちりめんじゃこ30gを並べ、ごま油小さじ1をかけて軽く混ぜる。ラップをかけずに電子レンジで2分ほど加熱すれば、カリカリじゃこの完成！　和風サラダや冷奴など、手軽にトッピングが楽しめます。

72

冷蔵保存

保存容器に入れてチルド室

どちらも湿気に弱いので、パックから取り出し、ペーパータオルを敷いた保存容器に入れてチルド室で保存する。

| 保存場所 | チルド室 | 保存期間 | 【しらす干し】 2〜3日 / 【ちりめんじゃこ】 1週間 |

冷凍保存

小分けに包んで冷凍する

しらす干しやちりめんじゃこは、庫内のニオイを吸収しやすいのでしっかり密閉する。使いやすい量に分けてぴったりとラップで包み、冷凍用保存袋に入れて冷凍する。どちらもすぐに解凍されるので使いやすい。

| 解凍方法 | 常温解凍・凍ったまま調理 | 保存期間 | 1か月 |

冷凍RECIPE

しらすとねぎ餅のピザ

材料（2人分）
ピザクラフト（19cm） 1枚
冷凍しらす 大さじ2〜3
万能ねぎ（小口切り） 大さじ2〜3
餅 ½個
ピザ用チーズ 30g
オリーブオイル 小さじ1
A［マヨネーズ 小さじ2
　 醤油 小さじ1

つくり方
1 餅を1cm角に切る。
2 ピザクラフトにAを塗り、1と冷凍しらす、万能ねぎ、ピザ用チーズをのせる。
3 オリーブオイルをまわしかけ、トースター（1000W）で焼き色がつくまで7〜8分ほど加熱する。

Part 2 魚・魚の加工食品

たらこ＆辛子明太子

選び方

塩辛くて、うまみたっぷりの味わい！

CHECK
皮がピンと張っていて破けていない

CHECK
形がふっくらとしている

CHECK
透明感があってみずみずしいもの

辛子明太子とは？
明太子とは福岡の方言でたらこのこと。唐辛子で辛い味つけをしたたらこを辛子明太子と言う。

Petit MEMO

たらこの1腹（ひとはら）はどれくらい？

たらこは左右の卵巣をセットで1腹（ひとはら）と数えるので、1腹は2本になり、½腹は1本になります。数え方としては1腹でも1本でも間違いではないので、覚えておくといいです。魚の大きさによって卵巣の大きさは違うので、レシピはg表示が親切。

冷蔵保存

水分を拭き取り保存する

どちらもパックから取り出して、ペーパータオルで軽く水分を拭き取り、ペーパータオルを敷いた保存容器に入れてチルド室で保存する。生ものなので、なるべく早く食べ切ること。

保存場所	**チルド室**	保存期間	**賞味期限内**（7～10日）

冷凍保存

ラップで包んで冷凍する

½腹（1本）ずつ、ラップで包んでから冷凍用保存袋に入れて冷凍する。凍っていても、使いたい分だけ切り分けられるので便利。薄皮を取り外し、使いやすい量ごとにラップで包んでおけば、凍ったままおにぎりの具材にも使える。

解凍方法	**冷蔵室解凍**	保存期間	**1か月**

冷凍 RECIPE

明太子バターうどん

材料（1人分）
冷凍うどん　1袋
冷凍辛子明太子　½腹（1本：約50g）
バター　15g
牛乳　大さじ1と½
醤油　大さじ½
大葉（千切り）　2枚
白いりごま　適宜

つくり方
1　冷凍うどんは表示通り解凍する。
2　冷凍辛子明太子は解凍し、皮に切り目を入れて中身をこそげだし、ボウルに入れる。バターをちぎって加え、牛乳と醤油を加える。
3　2に1を入れて絡め、器に盛り、大葉を飾り、お好みで白ごまをふる。

Part 2 魚・魚の加工食品

いくら

選び方

寿司ネタランキングではいつも上位でおなじみ！

旬 9月〜11月

💡 CHECK
- 色が鮮やかで、粒がはっきりしている

冷蔵保存

ラップで覆いチルド室

スーパーのいくらは醤油漬けで販売されているのがほとんど。なるべく空気に触れさせないように、密閉できる保存容器に移し替えて、表面をラップで覆い、蓋を閉めてチルド室で保存する。ちなみに生のいくらなら醤油漬けにして保存する。

保存場所	チルド室	保存期間	2〜3日

冷凍保存

小分けに包んで保存する

食べやすい量ごとに小分けにしてラップで包み、冷凍用保存袋に入れて冷凍する。アルミカップで小分け冷凍してもOK。解凍のものは再冷凍NGなので、冷凍せずに食べきりましょう。

解凍方法	冷蔵室解凍	保存期間	3週間

冷凍RECIPE

いくらアボカド丼

材料とつくり方（1人分）
アボカド½個は皮とタネを取り、1.5cm角に切ってボウルに入れる。レモン汁・醤油各小さじ½とわさび適量で和え、ごはんに盛る。冷凍いくら大さじ1〜2を解凍してのせ、お好みで刻み海苔適量を飾る。

生わかめ

海藻のひとつで、生なので磯の香りがよく歯応えがある。

旬 3〜5月

栄養価が高く、低カロリー!!

冷蔵保存

ポリ袋に入れてチルド室

生わかめは日持ちがしないので、購入したら下処理はせず、そのままポリ袋に入れ替えて空気を抜いてチルド室で保存する。生わかめは、異臭がしたら食べるのを控えましょう。

保存場所	チルド室	保存期間	2〜3日

冷凍保存

茹でて小分け冷凍する

生わかめは水洗いし、熱湯で20秒ほどさっと茹でて氷水に取り、食べやすく切る。水けをしっかりと拭き取り、使いやすい量に分けてラップで包み、冷凍用保存袋に入れて冷凍する。自然解凍しておひたしや、凍ったまま煮物やみそ汁に。

解凍方法	冷蔵室解凍・凍ったまま調理	保存期間	2か月

塩蔵わかめはカットして冷蔵保存が便利!

塩蔵わかめは、旬の時期の生わかめを湯通しし、塩と一緒に保存しているので保存期間が長いのが特徴。しかし取り出す際に長いわかめから塩がポロポロとこぼれるので、あらかじめひと口大に切って保存容器に入れておけば、手軽に取り出せます。

さんまと牡蠣の
保存方法も学びましょう

秋の味覚を代表するさんまと、生食でもいただける牡蠣。
どちらも旬の時期にいただきたい食材ですが、冷凍すればちょっぴり長く楽しめます。
こちらも、上手に冷蔵&冷凍できる保存のコツを学んでおきましょう。

さんま

旬
9月〜10月

冷蔵保存
保存期間　チルド室で2〜3日
内臓を取り除き、塩をふってから水けを拭き取り、1尾ずつラップで包んで保存袋に入れる。

冷凍保存
保存期間　1か月
下処理して1尾ずつ、もしくはぶつ切りにしてラップで包み冷凍用保存袋に入れる。凍ったまま焼き魚や、煮物やフライに。

牡蠣

旬
11月〜2月（マガキの場合）

冷蔵保存
保存期間　チルド室で3日
開封前のむき身はそのまま。残ったむき身は3％の塩水と一緒に保存袋に入れ空気を抜いて縛る。

冷凍保存
保存期間　1か月
大根おろしなどでもみ洗いし、流水で洗う。水分をふき取り、ラップを敷いたトレイに離して並べ、凍らせてから冷凍用保存袋に入れる。凍ったまま炊き込みごはんやアヒージョに。

下味冷凍保存

肉や魚に下味をつけて
冷凍しておけば、
食べたいときに
加熱するだけなので
ラクちん！

下味冷凍保存

肉や魚を袋に入れ、下味をつけて冷凍しておけば、
素材そのものの味が落ちにくく、酸化を防いでくれるのでおいしく長持ち。
調味料がしっかりとしみこむからパサつきを防ぎ、やわらかな食感に。
メリットがいっぱいの下味冷凍保存。
食べたい時に加熱するだけなので、毎日の食事づくりがラクになりますよ!!

STEP 1

材料を袋に入れて よくもむ

調味料を袋の中に入れてよく混ぜてから、肉や魚を入れ袋ごとよくもむ。身が崩れやすい食材は調味料をなじませる程度でOK。ひき肉ダネは、ボウルでしっかりと練り混ぜてから冷凍用保存袋に入れると、味つけが均一になります。

STEP 2

平らにして 空気を抜く

保存袋を平らにして空気を抜き、口を閉じる。凍ると膨張して大きくなるので、パンパンになるまで入れすぎないこと。厚みがあると冷凍にも解凍にも時間がかかってしまうので、なるべく薄くなるように均一にならしましょう。

● **ひき肉ダネは筋を入れて凍らせる**

ひき肉でつくるつくねやハンバーグなどは、菜箸で筋を入れてから冷凍すると便利。凍ったまま手で折れるので使いたい分だけ取り出すことができます。

STEP 3

STEP 4

なるべく早く凍らせる

冷凍保存では、早く凍らせるのがおいしさを保つための基本。熱伝導がいい金属製のトレイに置いて冷凍すると、早く凍らせることができます。完全に凍ったら、下の段に移して立てて保存すると場所を取らず探しやすくなります。

調理は凍ったまま加熱するだけ！

下味冷凍した肉や魚は、凍ったままフライパンに入れ蓋をして加熱調理すればOK。はじめは中火で、溶けてきたら弱めの中火で蒸し焼きにすると焦げません。水を注いで煮込んだり、衣をつけて揚げたりとバリエーションも広がります。

● **水にさらせば取り出しやすくなる**

解凍して使った方がよい下味冷凍した食材は、ゆっくり冷蔵室解凍がおすすめですが、保存袋を流水にさらして表面を溶かせば、1切れずつほぐれやすくなります。20℃前後の室温なら10分ほどで、半解凍になります。

下味冷凍

豚ロース薄切り肉

豚のしょうが焼きダネ

保存期間 / **2か月**

材料（2人分）
豚ロース薄切り肉　200g
玉ねぎ（薄切り）　¼個分
A ┃ 醤油　大さじ1と½
　┃ みりん　大さじ1と½
　┃ 酒　小さじ1
　┃ 砂糖　小さじ1
　┗ しょうが（すりおろし）　½片分

つくり方
1　冷凍用保存袋に豚肉、玉ねぎとAを入れてもみ込む。
2　空気を抜きながら平らにして袋の口を閉じ、冷凍する。

Cooking

豚肉のしょうが焼き

材料（2人分）
豚のしょうが焼きダネ　1袋
キャベツ（千切り）　適量
トマト（くし形切り）　適量
きゅうり（薄切り）　適量

つくり方
1　豚のしょうが焼きダネは凍ったままフライパンに入れて、蓋をして中火にかける。
2　フツフツとしてきたら弱めの中火にし、5分ほど蒸し焼きにする。
3　肉をほぐすよう焼き色がつくまで炒め合わせる。
4　器に盛り、キャベツ、トマト、きゅうりを添える。

Arrange

しょうが焼きの他人丼

材料(2人分)
豚のしょうが焼きダネ　1袋
卵　2個
ごはん　どんぶり茶碗2杯分
万能ねぎ(小口切り)　適量
A[水　100mℓ
　 顆粒和風だし　小さじ1/3

つくり方
1　豚のしょうが焼きダネは凍ったままフライパンに入れ、Aを注いで蓋をし、中火にかける。
2　フツフツとしてきたら弱めの中火にし、5分ほど蒸し焼きにする。
3　肉に火が通ったら溶き卵をまわし入れ、好みの固さまで火を通す。
4　ごはんに3をのせ、万能ねぎを散らす。

しょうが焼きと
きのこの炊き込み

材料(作りやすい分量)
米　2合
豚のしょうが焼きダネ　1袋
まいたけ(手で大きめに裂く)
　1パック
大葉(千切り)　適量
A[水　350mℓ
　 顆粒和風だし　小さじ1/2

つくり方
1　米は洗ってザルに上げ、水けを切り、炊飯器に入れてAを注ぐ。
2　豚のしょうが焼きダネは凍ったまま3〜4等分に割り、まいたけと一緒に1にのせ、蓋をして炊飯ボタンを押す。
3　炊き上がったらよく混ぜ合わせて器に盛り、大葉を飾る。

下味冷凍

鶏ひき肉

鶏つくねダネ

保存期間 / **2**か月

材料（2人分）
鶏ひき肉　200ｇ
長ねぎ（みじん切り）　¼本分
A ┌ 醤油　大さじ½
　├ 酒　大さじ½
　├ 片栗粉　大さじ½
　└ 塩・コショウ　各少々

つくり方
1　ボウルに鶏ひき肉と長ねぎ、Aを入れてよく練り混ぜる。
2　冷凍用保存袋に1を入れて空気を抜きながら平らにして口を閉じる。
3　4〜6等分に筋を入れて凍らせる。

Cooking

鶏つくねの甘辛照り焼き

材料（2人分）
鶏つくねダネ　1袋
サラダ油　小さじ1
大葉　1枚
卵黄　1個分
A ┌ 醤油　大さじ1
　├ 酒　大さじ1
　├ みりん　大さじ1
　└ 砂糖　小さじ1

つくり方
1　鶏つくねダネは、凍ったまま4等分に割る。
2　フライパンにサラダ油を入れ中火で熱し、1を並べる。
3　蓋をして弱めの中火で5分ほど焼き、ひっくり返してもう2〜3分ほど焼く。肉に火が通ったらAを加えて煮絡める。
4　器に大葉を敷き3をのせ、卵黄を添える。

Arrange

鶏つくねの中華スープ

材料（2人分）
鶏つくねダネ　1袋
白菜（ざく切り）　1/8個
春雨　20g
A ┌ 水　600ml
　│ 顆粒鶏がらスープの素　大さじ1
　│ 薄口醤油　小さじ1/2
　│ 塩　小さじ1/2
　└ にんにく（すりおろし）　1片分

つくり方
1　鶏つくねダネは凍ったまま6等分に割る。
2　鍋にAを入れ中火で煮立て、1と白菜を加え煮る。
3　肉に火が通ったら春雨を加えてひと煮し、器に盛る。

鶏つくねのメンチ風

材料（2人分）
鶏つくねダネ　1袋
水菜（ざく切り）　適量
パン粉　適量
中濃ソース　適宜
A ┌ 卵　1/2個分
　│ 水　大さじ1/2
　└ 小麦粉　大さじ2
揚げ油　適量

つくり方
1　鶏つくねダネは凍ったまま6等分に割り、Aをからめ、パン粉をまぶす。
2　フライパンに並べて、かぶるくらいの油を注いでから、火にかける。
3　180℃になったらきつね色になるまで5分ほどじっくりと揚げる。
4　器に盛り、水菜を添え、お好みでソースをかける。

下味冷凍

鶏もも肉

鶏肉のタンドリーダネ

保存期間 / **2**か月

材料（2人分）
鶏もも肉（ひと口大に切る）　1枚分
- プレーンヨーグルト　50g
- ケチャップ　大さじ2
- カレー粉　大さじ½
A はちみつ　小さじ1
- チリペッパー　小さじ½
- 塩　小さじ⅓
- にんにく（すりおろし）　½片分
- しょうが（すりおろし）　½片分

つくり方
1　冷凍用保存袋に鶏もも肉とAを入れてもみ込む。
2　空気を抜きながら1切れずつ少し離して平らにし、袋の口を閉じ、冷凍する。

Cooking

タンドリーチキン

材料（2人分）
鶏肉のタンドリーダネ　1袋
セロリ（ざく切り）　1本分
バター　10g

つくり方
1　鶏肉のタンドリーダネは凍ったまま袋ごと流水に2分ほどあててから、1切れずつ割りほぐす。
2　オーブンシートを敷いた天板に1を並べ、200度に熱したオーブンで20分ほど焼く。
3　器にセロリと2を盛り、バターをのせる。

⇒ その他のアレンジ　から揚げ、鶏ハム、煮込みなど

牛肉のプルコギダネ

下味冷凍 / 牛切り落とし肉

保存期間 / **2か月**

材料（2人分）
牛切り落とし肉　200g
A ─ 醤油　大さじ2
　　 砂糖　大さじ1
　　 ごま油　大さじ1
　　 白いりごま　小さじ2
　　 りんご（すりおろし）　¼個分
　　 にんにく（すりおろし）　1片分
　　 塩・コショウ　各少々

つくり方
1　冷凍用保存袋に牛肉とAを入れてもみ込む。
2　空気を抜きながら平らにして袋の口を閉じ、冷凍する。

Cooking

牛肉のプルコギ

材料（2人分）
牛肉のプルコギダネ　1袋
玉ねぎ（薄切り）　¼個分
しめじ（根元を切ってほぐす）
　½パック分
赤・黄パプリカ（細切り）　各¼個分
絹さや（筋を取る）　8枚

つくり方
1　牛肉のプルコギダネは凍ったままフライパンに入れて、蓋をして中火にかける。
2　フツフツとしてきたら玉ねぎ、しめじ、パプリカを加え、弱めの中火にし、5分ほど蒸し焼きにする。
3　肉をほぐすように炒め合わせ、全体に火が通ったら絹さやを加える。
4　絹さやに火が通ったら軽く混ぜ合わせて器に盛る。

⇨　その他のアレンジ　肉じゃが、チャプチェ（春雨炒め）、肉うどんなど

下味冷凍

生鮭

鮭のヨーグルト味噌ダネ

保存期間 / **2か月**

材料（2人分）
生鮭　2切れ
A ┌ プレーンヨーグルト　大さじ2
　└ 味噌　大さじ2

つくり方
1　生鮭は塩をふり、5分ほど置いてからペーパーで水分を拭き取る。冷凍用保存袋に入れ、Aを入れてなじませる。
2　空気を抜きながら平らにして袋の口を閉じ、冷凍する。

cooking

鮭のヨーグルト味噌漬け焼き

材料（2人分）
鮭のヨーグルト味噌ダネ　1袋
しし唐　4本

つくり方
1　鮭のヨーグルト味噌ダネは、冷蔵室で解凍し、ヨーグルトと味噌をぬぐい取る。
2　温めた魚焼きグリルに1を並べ、弱めの中火で7～8分、途中空いているところにしし唐を並べ焼く。

⇨ その他のアレンジ　パン粉焼き、ちゃんちゃん焼き、シチューなど

ぶり大根ダネ

下味冷凍

ぶり

保存期間 / **2か月**

材料（2人分）
ぶり（2〜3等分に切る）　2切れ分
大根（いちょう切り）　150g
しょうが（千切り）　½片分
A ┌ 醤油　大さじ1と½
　│ 酒　大さじ1と½
　│ みりん　大さじ1と½
　└ 砂糖　大さじ½

つくり方
1　冷凍用保存袋にぶり、大根、しょうがとAを入れてなじませる。
2　空気を抜きながら平らにして袋の口を閉じ、冷凍する。

Cooking

ぶり大根

材料（2人分）
ぶり大根ダネ　1袋
長ねぎ（小口切り）　適宜
A ┌ 水　200mℓ
　└ 顆粒和風だし　小さじ1

つくり方
1　ぶり大根ダネは凍ったままフライパンに入れ、Aを注ぐ。
2　蓋をして中火にかけ、7〜8分ほど煮る。
3　器に盛り、好みでねぎを飾る。

⇨　その他のアレンジ　和風カレー、炊き込みご飯など

下味冷凍

いか

いかのマリネダネ

保存期間／**2か月**

材料（2人分）
いか　1ぱい
A ┌ オリーブオイル　大さじ2
　│ 白ワイン　大さじ2
　│ 塩　小さじ1/3
　│ にんにく（みじん切り）　1片分
　└ 赤唐辛子（輪切り）　1本分

つくり方
1　いかは内臓を取り除き、洗って水けを拭いて1cm幅の輪切りにし、足は食べやすく切る。
2　冷凍用保存袋に1とAを入れてもみ込む。
3　空気を抜きながら平らにして袋の口を閉じ、冷凍する。

Cooking

いかのトマト煮

材料（2人分）
いかのマリネダネ　1袋
パセリ（みじん切り）　適宜
バゲット（薄切り）　適量
A ┌ トマト缶　200g
　└ 顆粒コンソメ　小さじ1

つくり方
1　いかのマリネダネは凍ったままフライパンに入れ、蓋をして中火で5分ほど蒸し焼きにする。
2　いかがほぐれてきたらAを加え、弱めの中火で10分ほど煮る。
3　器に盛り、あればパセリをふり、トーストしたバゲットを添える。

⇒ その他のアレンジ　ガーリックソテー、パスタなど

えびの甘辛ダネ

下味冷凍

保存期間 / **2か月**

えび

材料（2人分）
えび　8〜10尾
長ねぎ（みじん切り）　1/3本分
A ┬ 醤油　大さじ2
　├ 砂糖　大さじ1
　├ 酒　大さじ1
　├ みりん　大さじ1
　├ コチュジャン　大さじ1
　├ にんにく（みじん切り）　1/2片分
　└ しょうが（みじん切り）　1/2片分

つくり方
1　えびは足を取り、殻ごと洗って水けを拭き、背側に切り込みを入れて、背ワタがあれば取る。
2　冷凍用保存袋に1と長ねぎ、Aを入れてもみ込む。
3　空気を抜きながら平らにして袋の口を閉じ、冷凍する。

Cooking

えびの甘辛コチュジャン炒め

材料（2人分）
えびの甘辛ダネ　1袋
ごま油　大さじ1

つくり方
1　フライパンにごま油をひき、えびの甘辛ダネを凍ったまま入れ、蓋をして中火にかける。
2　フツフツとしてきたら弱めの中火にし、5分ほど蒸し焼きにする。
3　えびをほぐすよう焼き色がつくまで炒め合わせ、火が通ったら器に盛る。

⇨　その他のアレンジ　野菜炒め、卵炒め、エビチリ風など

定番おかずをまとめてつくっておいしく冷凍

人気の定番おかず。時間のあるときにまとめてつくって冷凍しておけば、「何か食べたい！」といったリクエストにも、すぐに答えられますよ。ここでは、定番おかずをおいしく冷凍するコツをご紹介します。

から揚げ

揚げる前の下味冷凍もおすすめですが、揚げて冷凍も便利。1回に使う分ずつラップで包み、冷凍用保存袋に入れる。レンジで50秒ほど解凍してからトースターで焼くと、カリッとジューシーに。保存期間は1か月。

ハンバーグ

焼く前の下味冷凍もおすすめですが、焼いてから冷凍も便利。1個ずつラップで包み、冷凍用保存袋に入れる。解凍はレンジで1分半。加熱しすぎると肉汁が逃げてかたくなってしまうので注意。保存期間は1か月。

餃子

餃子は包んだら、焼く前に冷凍するのがおすすめ。ラップを敷いたトレーに離して並べ、ラップをかぶせて凍らせてから冷凍用保存袋に入れればくっつかない。凍ったまま加熱調理すれば、肉汁も逃がさずジューシーに。保存期間は1か月。

えびフライ

えびフライは衣をつけたら、揚げる前に冷凍するのがおすすめ。1本ずつ冷凍用保存袋に重ならないように並べ、空気を抜いて冷凍保存する。凍ったまま揚げるだけなので調理もラク。保存期間は1か月。

COLUMN 3

Part.3

加工食品・卵・乳製品・主食

あると便利な加工食品。
正しい保存方法を知っておくことで、
時間のないときや食材を切らしたとき、
買い物に出たくない日に大助かり！
毎日の食事づくりの手間も
減らしてくれますよ！

Part 3 加工食品・卵・乳製品・主食

木綿豆腐

木綿豆腐とは、固めた豆乳を、布を敷いた型に入れ、圧力を加えて水分を抜いたもの。表面の格子状の模様はこのときの布目です。

しっかりとした食感で
濃厚な味わい!!

焼き豆腐とは？

焼き豆腐とは、水切りした豆腐の表面を直火で炙り、焼き目をつけたもの。通常の豆腐に比べて崩れにくいのが特徴です。

Petit MEMO
豆腐の水きりは電子レンジならたったの3分！

30分ほどかかってしまう豆腐の水切りですが、電子レンジならたったの3分なので時短に。ペーパータオルを2枚重ねて豆腐を包み、重なっている部分を下にしたら耐熱皿に置きます。電子レンジに3分ほどかければOKです。

冷蔵保存

水につけて保存する

開封前ならパックごと冷蔵室で保存する。開封して残った豆腐はパックの水を捨て、保存容器に移し替えてキレイな水を注ぎます。その際、塩をひとつまみ加えるとより長持ち。水は毎日交換しましょう。

| 保存場所 | 冷蔵室 | 保存期間 | 4〜5日 |

冷凍保存

パックのまま冷凍する

豆腐はパック詰めのまま冷凍が可能。購入したらそのまま冷凍室へ。冷凍すると水分が抜けてスポンジ状になるため、高野豆腐のような食感になります。解凍して水けを絞り、食べやすく切ってから煮物や炒め物に。お肉の代わりに使えばヘルシーです。

| 解凍方法 | 冷蔵室解凍 | 保存期間 | 2か月 |

冷凍RECIPE

冷凍木綿豆腐のかつ煮

材料（2人分）
冷凍木綿豆腐　1丁
小麦粉・溶き卵・
　パン粉　各適量
玉ねぎ（薄切り）　½個
卵　3個
三つ葉　適宜
揚げ油　適量

A ┃ 水　150mℓ
　┃ 醤油　大さじ2
　┃ みりん　大さじ2
　┃ 酒　大さじ1
　┃ 砂糖　大さじ1
　┃ 顆粒和風だし
　┃ 　小さじ1

つくり方
1　冷凍豆腐は解凍して厚みを半分に切り、水けをしっかり絞って、小麦粉・溶き卵・パン粉の順に衣をつける。
2　180℃の油できつね色になるまで3分ほど揚げ、食べやすく切る。
3　フライパンに玉ねぎとAを入れて中火にかけ、玉ねぎに火が通ったら2を加え、割りほぐした卵をまわし入れる。蓋をして、卵が好みの固さになるまで加熱する。
4　器に盛り、あれば三つ葉を飾る。

Part 3 加工食品・卵・乳製品・主食

絹ごし豆腐

絹ごし豆腐とは、豆乳ににがりを加えて型で固めたもの。
木綿豆腐よりも水分を多く含んでいるので、舌触りなめらか。

やわらかくて、なめらかな**舌触り**！

おぼろ豆腐とは？

凝固の途中で取り出したもので、木綿豆腐を容器に入れる前に寄せたものを指す。味わいも舌触りも繊細でなめらかです。

Petit MEMO

冷凍した豆腐が黄色いのはなぜ？

冷凍した豆腐の黄色い色は、大豆の色になります。水分が凍って大豆本来の色が出ただけなので、解凍したり調理したりすれば、食感は変わりますが、もとの豆腐の色に戻るのでご安心を！

冷蔵保存

水につけて保存する

開封前ならパックごと冷蔵室で保存する。開封して残った豆腐はパックの水を捨て、保存容器に移し替えてキレイな水を注ぎます。その際、塩をひとつまみ加えるとより長持ち。水は毎日交換しましょう。

保存場所	冷蔵室	保存期間	4～5日

冷凍保存

パックごと / パックのまま冷凍する

豆腐はパック詰めのまま冷凍が可能。購入したらそのまま冷凍室へ。冷凍すると水分が抜けて、生湯葉を重ねたような新食感に。解凍して水けを絞り、食べやすく切ってから煮物や炒め物に。お肉代わりにも使えます。

解凍方法	冷蔵室解凍	保存期間	2か月

カットして / ひと口大にちぎって冷凍する

まな板にペーパータオルを2～3枚重ねて敷き、手でひと口大にちぎって並べ、水けを切る。冷凍用保存袋に並べ入れ、平らにして冷凍する。解凍する手間もなく凍ったままスープや煮物に使えるので便利です。

解凍方法	凍ったまま調理	保存期間	1か月

冷凍RECIPE

冷凍豆腐のナゲット

材料とつくり方（2人分）

冷凍豆腐1丁は解凍して水けを絞り、ボウルに入れてつぶす。溶き卵2個、片栗粉大さじ1、マヨネーズ・顆粒コンソメ各小さじ1を加えてよく混ぜ、スプーンでひと口大に丸める。180℃の油できつね色になるまで3分ほど揚げ、ケチャップ適量を添える。

Part 3 加工食品・卵・乳製品・主食

油揚げ

薄切りにした豆腐を油で揚げたもの。
薄切りにして揚げているので中までしっかり揚がっている。

煮汁を吸い込んで
うまみジュワ〜ッ！

油揚げの種類は？

油揚げは長方形だけじゃなく、地域によって形が様々。三角形やスナック菓子のようにカラッと揚げたタイプもある。

包丁＆まな板を汚さない油揚げの切り方

油揚げを切るときは袋から取り出さずに、袋を少し開き、袋の上から切るとまな板や包丁が汚れません。切り方は、包丁を押したり引いたりするのではなく、包丁を真上からまっすぐ下におろすだけ。油揚げが袋の中で好きな大きさにカットできます。

冷蔵保存

ペーパーで包んで保存する

開封前ならそのまま冷蔵室で保存する。開封後は、雑菌の繁殖を防ぐためにペーパータオルで包み、ラップで包むか保存袋に入れて冷蔵室かチルド室で保存する。

保存場所	冷蔵室・チルド室	保存期間	4～5日

冷凍保存

使いやすく切って冷凍する

1枚ずつ、もしくは使いやすい大きさに切って冷凍用保存袋に入れ、空気を抜いて冷凍する。冷凍1時間後に手でもむとバラバラになって取り出しやすい。凍ったまま味噌汁や煮物に。油抜きは凍ったまま使いたい分だけザルに取り出し熱湯をかける。

解凍方法	凍ったまま調理	保存期間	1か月

冷凍RECIPE

キャベツとハムチーズのハサミ焼き

材料(2人分)
冷凍油揚げ　1枚　　　キャベツ　2枚
ハム　2枚　　　　　　マヨネーズ　適量
とろけるスライスチーズ　パセリ　適宜
　1枚　　　　　　　　醤油　適宜

つくり方
1　冷凍油揚げは解凍し、長い1辺を切って袋状に開く。
2　キャベツは千切りにして、チーズは半分に切る。1で切り落とした切った油揚げも細かく刻む。
3　袋の中にマヨネーズを薄く塗り、ハムを折り入れ、2を入れ楊枝で留める。
4　フライパンに3を入れ、弱火でじっくりと両面焼く。
5　食べやすく切って器に盛り、あればパセリ、お好みで醤油をかける。

Part 3 加工食品・卵・乳製品・主食

厚揚げ

木綿豆腐を厚めに切って揚げたもので、調理しても崩れにくい。

煮ても焼いてもボリューム満点！

冷蔵保存

ペーパーで包んで保存する

開封前ならそのまま冷蔵室で保存する。開封後は、雑菌の繁殖を防ぐためにペーパータオルで包み、ラップで包むか保存袋に入れて冷蔵室かチルド室で保存する。

| 解凍方法 | 冷蔵室・チルド室 | 保存期間 | 4〜5日 |

冷凍保存

使いやすく切って冷凍する

ひと口大などの使いやすい大きさに切り分け、ラップに包んでから冷凍用保存袋に入れる。冷凍すると高野豆腐風の食感に変化しますが、凍ったまま煮物やスープに加えたり、解凍して炒めたりと使い勝手抜群です。

| 解凍方法 | 冷蔵室解凍・凍ったまま調理 | 保存期間 | 1か月 |

冷凍RECIPE

冷凍厚揚げの南蛮照り焼き

材料とつくり方（2人分）

冷凍厚揚げ（ひと口大）は解凍し、フライパンに並べ、中火で焼き色がつくまで上下を返しながら焼き、醤油・酢・砂糖各大さじ1を加え煮絡める。器に盛り、マヨネーズ適量をかけ、あれば万能ねぎの小口切り適量を散らす。

おから

大豆から豆腐をつくる過程で出る、豆乳を絞ったときの搾りかす。

ヘルシーだけど栄養の宝庫！

冷蔵保存

密閉してチルド室で保存する

生のおからは水分が多く傷みやすいので、その日のうちに使い切るか長期保存するなら冷凍保存がおすすめですが、冷蔵保存したい場合はポリ袋に入れるか保存容器に入れて、温度の低いチルド室で保存しましょう。

| 解凍方法 | チルド室 | 保存期間 | 2〜3日 |

冷凍保存

小分けにして冷凍する

生のおからはそのままでも冷凍が可能。使いやすい量に分け、薄く平らにしてラップで包み、冷凍用保存袋に入れて冷凍する。冷蔵室で解凍し、炒め物や煮物に。

| 解凍方法 | 冷蔵室解凍 | 保存期間 | 2〜3週間 |

Petit MEMO

炒ってから冷凍保存ならもっと長持ち！

生のおからは炒ってから冷凍した方がさらに長持ち。弱めの中火でから煎りし、サラサラになるまで水分を飛ばしましょう。粗熱が取れたら冷凍用保存袋に入れて冷凍すれば、ほぐれやすいので使いたい分だけ取り出せる。保存期間は2か月。

Part 3 加工食品・卵・乳製品・主食

納豆

大豆を納豆菌で発酵させたもの。
ねばねばとした糸をひくのが特徴。

毎日でも食べたい
栄養満点食材！

ひきわり納豆とは？

大きく完熟した大豆を、ひき割った納豆のこと。製造過程が違うので味も粒納豆とは多少違います。

Petit MEMO

手を汚さずに納豆のフィルムをはがす方法

納豆に張りついている透明のフィルム。はがすときに手が汚れてしまったりしませんか？　パックを開けたらフィルムの中央部に箸を2本刺し、ドライバーでねじをまわすように箸を回転させれば、箸に巻きつくのでそのままゴミ箱へポイ。手は汚れません。

冷蔵保存

チルド室に入れて保存する

納豆はチルド室に入れて保存しましょう。発酵のスピードを遅らせてくれるので、ニオイもきつくなりません。賞味期限が2～3日過ぎても、おいしく食べられます。

保存場所	チルド室	保存期間	賞味期限＋2～3日

冷凍保存

冷凍用保存袋に入れて冷凍する

納豆は冷凍が可能。ニオイ移りを防ぐために、パックのまま冷凍用保存袋に入れて冷凍保存しましょう。冷凍することで少し豆がやわらかくなりますが、冷蔵室で解凍すればそのまま食べることができます。

解凍方法	冷蔵室解凍	保存期間	2～3か月

冷凍RECIPE

納豆とさば味噌のチーズ焼き

材料（2人分）
冷凍納豆　1パック
さばの味噌煮缶　1缶
ピザ用チーズ　20g
大葉（千切り）　2枚分
白いりごま　適量

つくり方
1　冷凍納豆は半解凍する。
2　耐熱皿に1とさばの味噌煮を缶汁ごと入れる。
3　ピザ用チーズをのせ、トースター（1000W）でチーズに焼き色がつくまで、7～8分ほど焼く。
4　大葉を飾り、白いりごまをふる。

Part 3 加工食品・卵・乳製品・主食

こんにゃく

こんにゃくいもを乾燥させて精粉にしてこね、型に流して茹でたもの。

お手頃価格のヘルシー食材!!

冷蔵 保存

袋の液体につけて保存する

開封前なら常温保存できるものもある。開封したら保存容器に入れ、包装されていた袋の液体を注ぎ蓋をして一緒に保存する。足りなければ水を足す。捨ててしまったら水でもよいが、袋の液体の方が殺菌効果もあるので水より長持ちする。

解凍方法	冷蔵室	保存期間	3〜4日

冷凍 保存

水けを切って冷凍する

水けを切ってそのまま、もしくは使いやすい大きさに切って冷凍用保存袋に入れ、空気を抜いて冷凍する。冷凍すると水分が抜けてスポンジ状になるため、から揚げやとんかつ風にするなど肉の代わりとして使ってもいい。

解凍方法	冷蔵室解凍	保存期間	1か月

冷凍RECIPE

冷凍こんにゃくのから揚げ

材料とつくり方(2人分)
冷凍こんにゃく1枚分は解凍して8等分に切り、しっかり水けを絞る。醤油・酒各大さじ1、みりん小さじ1、塩・しょうが・にんにくのすりおろし各少々で和えて20分ほど置き、片栗粉適量をまぶしてから170℃の油で3分ほど揚げる。

ちくわ

スケトウダラなどのすり身を、竹などの棒に巻きつけて焼いたもの。

お弁当やおつまみなど幅広いシーンで大活躍！

冷蔵 保存

1本ずつ包んで保存する

未開封ならそのまま。開封したら乾燥しないように、1本ずつラップでぴっちり包むか、まとめてポリ袋に入れて空気を抜いて保存する。

解凍方法	冷蔵室・チルド室	保存期間	3〜5日

冷凍 保存

使いやすく切って冷凍する

丸ごと、もしくは使いやすい大きさに切り分け、ラップに包んでから冷凍用保存袋に入れて冷凍する。食感は少し変わりますが、凍ったまま炒め物や煮物に便利。丸ごと冷凍なら室温に3分ほど置けば、好きな大きさにカットできる。

解凍方法	凍ったまま調理	保存期間	1か月

ちくわがサキイカ風のおつまみに⁉

冷蔵庫のすみっこにちくわが1〜2本残っていたら、サキイカ風のおつまみに変身させてみて！ ちくわ1本を縦8等分に切って耐熱皿に並べ、電子レンジ（600Ｗ）で1分30秒〜2分加熱する。器に盛り、七味唐辛子をふったマヨネーズを添えて。

さつまあげ

魚のすり身を調味し、成形して油で揚げたもの。

冷蔵保存

ラップで包んで保存する

開封したら乾燥しないように、ラップでぴっちりで包む。

保存場所	保存期間
冷蔵室・チルド室	1週間

冷凍保存

1枚ずつ包んで冷凍する

1枚ずつラップで包んで、冷凍用保存袋に入れて冷凍する。

解凍方法	保存期間
冷蔵室解凍・凍ったまま調理	1か月

Petit MEMO

トースターで軽く火を通すと、揚げたてのおいしさがよみがえります。

はんぺん

白身魚のすり身に、卵白や山いもなどを混ぜて茹でたもの。

冷蔵保存

ラップで包んで保存する

開封したら乾燥しないように、ラップでぴっちり包む。

保存場所	保存期間
冷蔵室・チルド室	3〜5日

冷凍保存

使いやすく切って冷凍する

使いやすい大きさに切ってラップで包み、冷凍用保存袋に入れて冷凍する。

解凍方法	保存期間
冷蔵室解凍・凍ったまま調理	1か月

Petit MEMO

チーズを挟んで冷凍しておけば、お弁当のおかずやおつまみにも便利！

かまぼこ

白身魚でつくられた練り製品で、蒸した板つきが一般的。

 冷蔵 保存 | ラップで包んで保存する |

開封したら切り口なども乾燥しないように、ラップでぴっちり包む。

保存場所	保存期間
冷蔵室・チルド室	3～5日

 冷凍 保存 | 使いやすく切って冷凍する |

使いやすい大きさに切ってラップで包み、冷凍用保存袋に入れて冷凍する。

解凍方法	保存期間
冷蔵室解凍・凍ったまま調理	1か月

Petit MEMO

かまぼこを立て、包丁の背で切り落とすと身が残らずきれいに外せる。

カニかま

カニかまぼこの略称で、カニの身に似てつくられたもの。

 冷蔵 保存 | ラップで包んで保存する |

開封したら乾燥しないように、ラップでぴっちり包む。

保存場所	保存期間
冷蔵室・チルド室	3～5日

 冷凍 保存 | そのまま包んで冷凍する |

フィルムごとラップに包み、冷凍用保存袋に入れて冷凍する。

解凍方法	保存期間
冷蔵室解凍	1か月

Petit MEMO

フィルムを外して包丁の腹でこすると気持ちよくほぐれます。

Part 3 加工食品・卵・乳製品・主食

卵

選び方

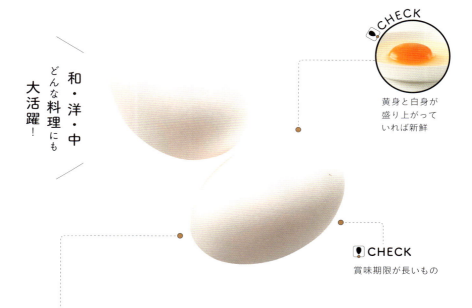

和・洋・中どんな料理にも大活躍！

CHECK
黄身と白身が盛り上がっていれば新鮮

CHECK
賞味期限が長いもの

CHECK
光に透かして、明るい部分が小さいもの

茶色の卵との違いは？
基本的に中身に違いはなく、白でも茶色でも味や栄養価は同じ。茶色の卵が高いのは、白い卵を産む鶏より大食いなので飼育コストがかかるため。

Petit MEMO
ゆで卵の殻を簡単にむく方法

卵の丸みのある表面に画びょうかピンを刺して穴をあけ、水から茹でるのではなく、沸騰した湯に入れて卵を茹でると、殻の内側に水が入り、殻がむけやすくなります。茹で時間の目安は、とろとろなら5～6分、半熟なら8分、固めなら12分です。

冷蔵保存

とがった方を下にして保存する

卵の丸い方には空気の入った空間があるので、とがった方を下にすると長持ちする。卵は振動で殻にヒビが入りやすく、菌がついていることもあるので、ドアポケットよりもパックに入れたまま冷蔵室に置くとよい。

| 保存場所 | 冷蔵室 | 保存期間 | 約2週間 |

冷凍保存

生卵 — そのまま袋に入れて冷凍する

卵は水で洗い、ペーパータオルで水けを拭き取ってから、殻つきのまま冷凍用保存袋に入れて冷凍する。解凍すると卵白は元に戻り、卵黄は弾力のある新食感に。解凍せず、凍ったまま焼いたり煮たり、揚げたりもできる。

| 解凍方法 | 冷蔵室解凍・凍ったまま調理 | 保存期間 | 2か月 |

卵焼き — 焼いてから冷凍する

卵は卵焼きや薄焼き卵にして、冷めたらラップでぴったり包み、冷凍用保存袋に入れて冷凍する。卵焼きは食べやすい大きさに切り、使いやすい量ごとに分けて冷凍しておくとお弁当にも便利です。

| 解凍方法 | 冷蔵室解凍 | 保存期間 | 1か月 |

冷凍 RECIPE

冷凍卵黄のおにぎらず

材料とつくり方（1人分）

冷凍卵1個は解凍して卵黄だけ取り出し、小さなボウルに入れる。醤油・みりん各大さじ1を加えて一晩漬ける。海苔（大判）1枚に茶碗1杯分のごはんを広げて、漬けにした卵黄を中心にのせて包み5分ほど置く。半分に切って器に盛る。

109

Part 3 加工食品・卵・乳製品・主食

ピザ用チーズ

とろ〜りとろけて
たまらないおいしさ！

加熱処理されていないナチュラルチーズを細かく刻んだもの。

冷蔵保存

袋ごと保存袋に入れる

加熱処理されていないナチュラルチーズなのでカビやすく、湿気だけでなく乾燥にも弱い。開封したらクリップなどで袋の口を閉じ、保存袋に入れて二重に包む。冷蔵室よりも、温度変化の少ないチルド室で保存すると長持ちする。

| 解凍方法 | チルド室 | 保存期間 | 開封後10日間 |

冷凍保存

保存袋に入れて冷凍する

冷凍用保存袋か保存容器に7割ほど入れて冷凍室に入れる。1時間後に袋を取り出して、手で軽くほぐしてから戻し入れれば、かたまりのまま凍らないので取り出しやすくなります。凍ったまま加熱調理して使える。

| 解凍方法 | 凍ったまま調理 | 保存期間 | 2か月 |

冷凍RECIPE

パリパリおつまみチーズ

材料とつくり方（2人分）
フッ素樹脂加工のフライパンに冷凍ピザ用チーズを10gずつ4か所に置き、桜えびを適量のせ中火にかける。2〜3分ほど焼いてから火を止めそのまま冷ます。キッチンペーパーの上にのせて余分な油を取る。じゃこや黒コショウ、青海苔をのせても。

110

スライスチーズ

ナチュラルチーズをそのまま食べられるように加熱加工したもの。

そのままでもおいしいロングセラーチーズ！

冷蔵保存

保存袋に入れて保存する

開封前のものはそのままチルド室で保存。開封したら袋から取り出して保存袋に入れて密閉し、チルド室で保存する。加熱加工されているので、ナチュラルチーズと比べても保存性に優れていて長持ちする。

| 解凍方法 | チルド室 | 保存期間 | 開封後2〜3週間 |

冷凍保存

保存袋に入れて冷凍する

開封前のものはそのまま冷凍。開封したものは、冷凍用保存袋に入れて密閉し冷凍する。凍ったままパンに挟んだり、とろけるタイプのものは凍ったままパンにのせてトーストしたりと、スライスチーズは冷凍しておけば幅広く使える。

| 解凍方法 | 冷蔵室解凍・凍ったまま調理 | 保存期間 | 1〜2か月 |

冷凍RECIPE

ジャムとチーズのサンドイッチ

材料とつくり方（2人分）
サンドイッチ用のパン4枚にバターを薄く塗る。2枚にイチゴジャム適量を塗って冷凍スライスチーズをのせ、もう2枚のパンで挟む。食べやすい大きさに切って器に盛る。ブルーベリーやマーマレードなど、好きなジャムで試してみて。

Part 3 加工食品・卵・乳製品・主食

粉チーズ

プロセスチーズを乾燥させて粉末にしたもの。

常温保存

そのまま常温で保存する

湿気や温度差を嫌うので冷蔵室ではなく、常温の涼しい場所に置く。

保存場所	保存期間
風通しのよい涼しい場所	開封後1か月

冷凍保存

小分けに包んで冷凍する

使いやすい分量に分けてラップで包み、冷凍用保存袋に入れ冷凍する。

解凍方法	保存期間
凍ったまま調理	2〜3か月

Petit MEMO
常温保存が基本ですが、気温の上がる夏場は冷蔵室で保存しましょう。

カマンベールチーズ

表皮が白カビに覆われたチーズで、中がクリーム色でやわらかい。

冷蔵保存

ラップ＆保存袋でチルド室

乾燥しないように切り口にラップをあて、保存袋に入れチルド室。

保存場所	保存期間
チルド室	開封後7日

冷凍保存

1切れずつ包んで冷凍する

1切れずつラップで包んで、冷凍用保存袋に入れて冷凍する。

解凍方法	保存期間
冷蔵室解凍・凍ったまま調理	1か月

Petit MEMO
かたくなってしまったら、フライ用の衣をつけて揚げればトロリとしたおつまみに。

モッツァレラチーズ

白くて丸い、独特の弾力ある歯応えが特徴的なチーズ。

 冷蔵 保存 — ラップ＆保存袋でチルド室

水けを切り、ラップでぴったり包む。保存袋に入れチルド室。

保存場所	保存期間
チルド室	開封後3日

 冷凍 保存 — 使いやすく切って冷凍する

使いやすい厚さに切って1枚ずつラップで包み、冷凍用保存袋に入れる。

解凍方法	保存期間
冷蔵室解凍・凍ったまま調理	1か月

Petit MEMO
モッツァレラチーズは、味噌漬けやぬか漬けにしてもおいしく保存ができる。

ブルーチーズ

青カビによって熟成されたナチュラルチーズで、強いクセがある。

 冷蔵 保存 — ペーパー＆アルミホイルで包む

光に弱く崩れやすいので、ペーパータオルとアルミホイルで二重に包む。

保存場所	保存期間
チルド室	開封後7日

 冷凍 保存 — 食べやすく切って冷凍する

食べやすい量に切り分けラップで包み、冷凍用保存袋に入れて冷凍する。

解凍方法	保存期間
冷蔵室解凍・凍ったまま調理	1か月

Petit MEMO
ブルーチーズにはちみつを合わせればクセをマイルドにしてくれます。

Part 3 加工食品・卵・乳製品・主食

牛乳

牛の乳汁で、製造過程で余計なものを入れない生乳だけが原料。

不足しがちなカルシウムがしっかり補える!!

冷蔵保存

クリップで留めて保存する

未開封ならそのまま。開封したら庫内のニオイを吸収しないように注ぎ口をクリップで留めて保存する。注ぎ口に指をひっかけると雑菌が繁殖するので触れないように。

解凍方法	ドアポケット・冷蔵室	保存期間	開封後4〜5日

冷凍保存

製氷器に流して冷凍する

量が多いと分離しやすいので、製氷器に流して冷凍し、凍ったら冷凍用保存袋に移して保存する。冷凍後は風味や舌ざわりが少し悪くなるので、凍ったままシチューやスープに加えたり、コーヒーや紅茶に入れたりして使う。

解凍方法	凍ったまま調理	保存期間	1か月

ホワイトソースにして冷凍保存も便利!!

牛乳はホワイトソースにして冷凍しても便利です。使いやすい量に分け、冷凍用保存袋に入れて平らにし冷凍保存する。冷蔵室で解凍して使うか、凍ったまま鍋に入れて調理も可能。箸で線を入れておくと割って使えます。冷凍の保存期間は1〜2か月。

ヨーグルト

牛乳に乳酸菌や酵母を加えて発酵させた発酵食品のひとつ。

幅広い年代に人気で腸活にいい発酵食品！

冷蔵保存

蓋を閉めて立てて保存する

分離しやすいので、未開封でも横に倒して保存はNG。開封したらしっかりと蓋を閉め、温度変化の少ないチルド室か冷蔵室で保存します。温度の低いチルド室で保存すると、乳酸菌の活動を抑えることができるので風味が保たれます。

解凍方法	チルド室・冷蔵室	保存期間	開封後4日

冷凍保存

砂糖を混ぜて冷凍する

プレーンタイプのものを冷凍すると分離してしまうので、砂糖やはちみつ、ジャムなどを加えてよく混ぜてから冷凍する。100gに砂糖小さじ2〜大さじ1が目安。半解凍して食べればフローズンヨーグルトになります。

解凍方法	冷蔵室解凍・半解凍して食べる	保存期間	1か月

Petit MEMO

カプレーゼを水きりヨーグルトでつくっちゃおう！

ザルにペーパータオルを敷き、プレーンヨーグルトを入れて一晩置けば水切りヨーグルトの完成。1cm幅に切り、トマトと交互に並べ、バジルを散らして塩をふり、オリーブオイルをかければカプレーゼ風になります。

Part 3 加工食品・卵・乳製品・主食

生クリーム

生乳のみが原材料で、生乳から乳脂肪分を
取り出し濃縮させたもの。

お菓子づくりには欠かせない
濃厚な生クリーム！

冷蔵保存

クリップで留めて保存する

未開封ならそのまま。開封したら庫内のニオイを吸収しないように注ぎ口をクリップで留めて保存する。注ぎ口に指をひっかけると雑菌が繁殖するので触れないように。

解凍方法	チルド室・冷蔵室	保存期間	開封後3〜4日

冷凍保存

ホイップして冷凍する

生クリームは砂糖を加えてホイップしたものを冷凍しておくと便利。アルミトレイにラップを敷き、ホイップを丸く絞って凍ったら保存容器に移して。もしくは、絞り袋に口金を入れてホイップクリームを詰め、口をテープで留めて冷凍する。

解凍方法	冷蔵室解凍・凍ったまま調理	保存期間	1か月

Petit MEMO
生クリームの泡立てはジャムで時短に!!

生クリームを泡立てる際に砂糖の代わりにジャムを加えると、ジャムに含まれているペクチンの効果で、1分泡立てるだけでホイップクリームに。ブルーベリー、いちご、マーマレードなど何でもOK。ジャムの色がほんのりプラスされるので彩りにも◎

バター

生乳から分離したクリームを練って固めたもの。

濃厚な風味が魅力でパンには欠かせません！

冷蔵 保存

| 使いやすく切って保存する |  | バターは乾燥に弱く、風味も落ちやすいので、開封後はラップでぴったりと包んで保存する。もしくは、少量なら10gずつなど使いやすい量に切って保存容器に入れて保存しても便利。ちなみに、無塩は加塩よりも傷むのが早い。 |

| 解凍方法 | チルド室・冷蔵室 | 保存期間 | 開封後1〜2か月 |

冷凍 保存

| 小分けに包んで冷凍する |  | 使いやすい分量に分けてラップでぴったりと包み、冷凍用保存袋に入れて冷凍すると、保存期間は半年。未開封ならそのまま冷凍用保存袋に入れて冷凍すれば、保存期間は1年です。 |

| 解凍方法 | 冷蔵室解凍・凍ったまま調理 | 保存期間 | 半年〜1年 |

マーガリンの冷凍保存はNGです！

マーガリンは植物性の油脂などでつくられているので、温度の低いチルド室や冷凍室に入れると分離してしまいます。開封後は乾燥を防ぐためにもしっかり蓋をして冷蔵室保存。乾燥しやすいので、バターナイフを入れたままの保存はNGです。

Part 3 加工食品・卵・乳製品・主食

ごはん

選び方

和食には欠かせない元気をつくるパワーの源!

● **CHECK**
つやつやと光沢がある

● **CHECK**
粒が立っている

雑穀米とは？

雑穀米という名前のお米ではなく、お米と雑穀（もちあわ、黒米、黒豆、キヌア、ハト麦など）を混ぜたもののこと。食物繊維やビタミン、ミネラルが豊富。

お米は冷蔵保存がおすすめ！

お米のベストな保存場所は冷蔵庫の野菜室。保存容器やペットボトルなどの空き容器に入れて保存しましょう。10℃以下での保存であれば保存期間は2か月と長持ち。さらに甘みやおいしさをキープし虫予防にも。気温の上がる夏場だけでも野菜室へ移動を！

冷蔵保存

ラップで包んで保存する

ごはんの主成分でんぷんは、0〜3℃での保存だとパサついて食感が悪くなるので、基本的に冷蔵室での保存はNG。ただし、冷凍するほど長期保存しなくてもいい場合はラップに包んで冷蔵を。リゾットなどにして、早めに食べきりましょう。

保存場所	冷蔵室	保存期間	1〜2日

冷凍保存

1食分ずつ包んで冷凍する

ごはんは温かいうちに1食分ずつ分けて丸く平らにふっくら包む。粗熱が取れたら冷凍用保存袋に入れて冷凍する。さらに、真ん中をくぼませて冷凍しておけば、電子レンジ解凍時にムラができずに手早く均等に温まります。

解凍方法	電子レンジ解凍・凍ったまま調理	保存期間	1か月

冷凍RECIPE

梅と卵の酒粕粥

材料（2人分）
冷凍ごはん　茶碗1杯分
酒粕　20g
塩　少々
卵　1個
梅干し　2個
万能ねぎ（小口切り）　適宜
A ┌ 水　800ml
　├ 顆粒和風だし
　└ 小さじ1

つくり方
1　鍋にAを入れて中火にかけ、沸騰したら冷凍ご飯を加える。再沸騰したら弱火にして、10分ほど煮る。
2　酒粕は手でちぎってボウルに入れ、1の煮汁を大さじ1〜2ほど加えて溶きのばし、1に加えよく混ぜる。
3　溶き卵をまわし入れて火を止め、塩で味を調える。
4　器に盛り、梅干しをのせ、あれば万能ねぎを飾る。

麺類

Part 3 加工食品・卵・乳製品・主食

みんなが**大好き**な**麺類**は**休日**ごはんの**定番**です！

① **生麺**
コシや香りが強い！
② **ゆで・蒸し麺**
すぐに使えて便利！

①

②

冷蔵保存

生麺 — ペーパーに包んで保存する

開封したものは水分や乾燥に弱いので、結露防止のためにペーパータオルで包み、乾燥しないように密閉の保存袋か、ラップでぴったりと包んでチルド室で保存する。

| 解凍方法 | チルド室 | 保存期間 | 開封後2〜3日 |

ゆで・蒸し麺 — 袋のままかラップで包む

1食分ずつ個包装されているので、開封前のものは袋のままチルド室で保存する。間違って開封してしまったものは、袋から取り出してラップでぴったりと包みチルド室で保存する。ポリ袋に入れるとさらに長持ち。

| 解凍方法 | チルド室 | 保存期間 | 5日 |

冷凍保存

小分けに包んで冷凍する

生麺は1食分ずつラップで包み、冷凍用保存袋に入れる。ゆで・蒸し麺は、1食分ずつ個包装されているので袋のまま冷凍用保存袋に入れる。開封したものは袋から取り出してラップでぴったりと包み冷凍用保存袋に入れる。すべて凍ったまま茹でて使う。

| 解凍方法 | 凍ったまま調理 | 保存期間 | 1か月 |

食パン

箱型に入れて焼いた四角いパンのことで、薄切りでの販売が定番。

家族みんなが大好きなふんわり&やわらか食感!

常温保存

保存袋に入れて保存する

パンに含まれるでんぷんやグルテンは、0〜4℃での保存だとパサついて食感が悪くなるので、基本的に冷蔵室での保存はNG。常温保存でなるべく早く食べきること。乾燥しないように保存袋や保存容器で保存を。長期保存するなら冷凍がおすすめです。

解凍方法	風通しのよい涼しい場所	保存期間	2〜3日

冷凍保存

1枚ずつ包んで冷凍する

1枚ずつラップで包み冷凍用保存袋に入れて冷凍する。薄切りならそのままトーストしてもOKですが、常温解凍し、霧吹きで少し水分を与えてからトーストすると、ふっくらとして味わいもおいしくなります。

解凍方法	常温解凍・凍ったまま調理	保存期間	1か月

Petit MEMO
冷凍食パンを急いで食べたいときの解凍ワザ!

冷凍食パンは、電子レンジ解凍でもおいしく食べられます。耐熱皿に冷凍した食パンをのせ、6枚切りならラップをしないで50〜60秒ほど電子レンジ加熱するだけで、ふわふわ食感に戻ります。8枚切りなら、時間を少なめに加熱して。

フランスパン

フランス発祥のパンの総称で、皮がかたいといった特徴がある。

 常温 保存

保存袋に入れて保存する

紙袋から取り出し、乾燥しないように保存袋かポリ袋に入れて。

保存場所	保存期間
風通しのよい涼しい場所	2日

冷凍 保存

カットしてアルミホイルで包み冷凍する

薄切りや厚切りなど、カットしてからホイルで包み冷凍用保存袋に入れる。

解凍方法	保存期間
常温解凍	1か月

Petit MEMO
常温で解凍し、霧吹きで少し水分を与えてからトーストするとおいしい。

クロワッサン

バターを生地に練り込んで焼き上げるパンのこと。

 常温 保存

保存袋に入れて保存する

紙袋から取り出し、乾燥しないように保存袋かポリ袋に入れて。

保存場所	保存期間
風通しのよい涼しい場所	2日

冷凍 保存

1個ずつアルミホイルで包み冷凍する

つぶれないように1個ずつアルミホイルで包み、冷凍用保存袋に入れる。

解凍方法	保存期間
常温解凍	1か月

Petit MEMO
常温で解凍し、アルミホイルで包んだままトーストすれば表面が焦げない。

ベーグル

発酵させた生地を軽く茹でて焼き上げた
ドーナツ型のパン。

 常温保存 — 保存袋に入れて保存する

乾燥しないように保存袋かポリ袋に入れて保存する。

保存場所	保存期間
風通しのよい涼しい場所	2日

 冷凍保存 — 横半分に切って保存する

横半分に切ってそれぞれラップで包み、冷凍用保存袋に入れる。

解凍方法	保存期間
常温解凍	1か月

Petit MEMO

常温で解凍し、霧吹きでたっぷり水分を与えてからトーストするとおいしい。

メロンパン

日本発祥の菓子パンで、
甘いビスケット生地をのせて焼いたパン。

 常温保存 — 保存袋に入れて保存する

乾燥しないように保存袋かポリ袋に入れて保存する。

保存場所	保存期間
風通しのよい涼しい場所	2日

 冷凍保存 — 1個ずつ包んで冷凍する

1個ずつラップで包み、冷凍用保存袋に入れ冷凍する。

解凍方法	保存期間
常温解凍	1か月

Petit MEMO

ラップを外して常温で解凍し、アルミホイルに包んでトーストすればカリカリに！

おいしく保存！
冷蔵庫の収納術

冷蔵庫でおいしく食材を保存するためには、定位置を決め、見やすくて取り出しやすい収納を心がけましょう。開閉時間を短くして庫内の温度上昇を防ぐことができれば、おいしく保存できます。

冷蔵

Point 1
肉・魚の保存はチルド室

一般的な冷蔵室の温度が3℃〜5℃に対して、チルド室の温度は0℃〜1℃。引き出し式になっているので冷蔵室の開閉の影響を受けにくく、傷みやすい食材の鮮度もより長くキープ。購入したらすぐにチルド室で保存しましょう。

Point 2
加工食品の保存は一か所にまとめる

加工食品の保存は、かごなどに入れて一か所にまとめておくと庫内で迷子にならず、使い忘れを防止できます。チルド室や、冷蔵室の中で温度が低い下段にまとめて、置きましょう。

Point 3
庫内に解凍スペースをつくる

冷凍した肉や魚などの解凍は急がず、冷蔵室やチルド室でのゆっくり解凍がおすすめ。水分を逃がさずにおいしく解凍ができます。トレイやバットなどが置ける解凍スペースをつくっておくと便利です。

冷凍

Point 1
急速冷凍スペースをつくる

早く凍結すれば、味や食感が損なわれにくく、おいしさがキープできます。熱伝導がよい金属製トレイにのせて冷凍すると、通常より早く冷凍できるので、庫内の上段に急速冷凍スペースをつくっておくと便利。

Point 2
立てて収納する

上に重ねて収納すると、下のものが取り出しにくくなるので、袋を平らにして冷凍をしたら、ブックスタンドなどを利用して立てて収納するとスッキリと見やすくなります。金属製のブックスタンドなら、冷却効果も高まります。

Point 3
見える位置にラベルをつける！

立てて収納したときに見やすいように、袋の上にラベルをつけましょう。マスキングテープなどに中身や日付を記入しておけば、袋を持ち上げなくてもすぐに探せます。

種類別にエリアを決める

種類別に収納エリアを決めておくと、冷凍した食材が探しやすくなります。「肉や魚」「葉物野菜」「根菜」「冷凍食品」などで分けるなど、収納場所のルールを決めておきましょう。

索引（50音順）

あ

合いびき肉	40
あさり	53,66
あじ	52
厚揚げ	100
油揚げ	98
いか	62,90
いくら	76
いわし	54
うなぎのかば焼き	70
えび	65,91
おから	101

か

牡蠣	78
カニかま	107
かまぼこ	107
カマンベールチーズ	112
辛子明太子	74
絹ごし豆腐	96
牛かたまり肉	50
牛サーロインステーキ肉	37
牛ひき肉	42
牛切り落とし肉	38,87
牛乳	114
クロワッサン	122
粉チーズ	47,112

ごはん	39,76,83,109,118
こんにゃく	104

さ

サーモンの切り身	56
刺身	61
さつまあげ	106
さんま	78
しじみ	68
しらす干し	72
食パン	111,121
砂肝	29
スモークサーモン	71
スライスチーズ	25,99,111
ソーセージ	44

た

鯛の切り身	58
卵	84,95,97,108,119
たらこ	74
ちくわ	105
ちりめんじゃこ	72
鶏ささみ肉	24
鶏ひき肉	28,84
鶏むね肉	22
鶏もも肉	20,86
鶏手羽先	27

鶏手羽元 ………………… 26

な

納豆 ……………………… 102
生クリーム ……………… 116
生鮭 ……………………… 88
生ハム …………………… 49
生わかめ ………………… 77

は

バター …………… 75,86,117
ハム ……………………… 48,99
はんぺん ………………… 106
ピザ用チーズ …… 41,103,110
干物 ……………………… 64
豚こま切れ肉 …………… 30
豚バラブロック肉 ……… 35
豚ひき肉 ………………… 36
豚ロース厚切り肉 ……… 34
豚ロース薄切り肉 …… 32,82
フランスパン …………… 122
ぶりの切り身 …………… 60,89
ブルーチーズ …………… 113
ベーグル ………………… 123
ベーコン ………………… 46
ほたての貝柱 …………… 69

ま

メロンパン ……………… 123
麺類 ……………………… 75,120
モッツァレラチーズ …… 113
木綿豆腐 ………………… 94

や

ヨーグルト ……………… 88,115

ら

ラムチョップ …………… 50
レバー …………………… 43

127

島本美由紀

料理研究家・ラク家事アドバイザー。実用的なアイデアが好評
でテレビや雑誌を中心に活躍し、著書は50冊を超える。
2018年に食エコ研究所を立ち上げ、冷蔵庫収納と食品保存が学
べるスクールを運営。食品ロス削減アドバイザーとしても活動
し、家庭で楽しみながらできるエコアイデアを発信している。
http://shimamotomiyuki.com/

肉・魚・加工食品保存のアイデア帖

2019年10月19日 初版第1刷発行

著者　島本美由紀
写真　安部まゆみ
　　　Shutterstock, Inc.（P78）
　　　©bonchan/Shutterstock.com（P78左）　©JIANG HONGYAN/Shutterstock.com（P78右）
デザイン　嘉生健一
校正　佐藤知恵
調理アシスタント　原久美子
編集　諸隈宏明

発行人　　三芳寛要
発行元　　株式会社パイ インターナショナル
　　　　　〒170-0005 東京都豊島区南大塚2-32-4
TEL　　　03-3944-3981
FAX　　　03-5395-4830
　　　　　sales@pie.co.jp
印刷・製本　図書印刷株式会社

© 2019 Miyuki Shimamoto / PIE International
ISBN 978-4-7562-5281-4 C 0077
Printed in Japan
本書の収録内容の無断転載・複写・複製等を禁じます。
ご注文、乱丁・落丁本の交換等に関するお問い合わせは、小社までご連絡ください。